Berbahagialah

Kumpulan Renungan dalam Puisi Rohani

ABRAHAM REYMOND

BERBAHAGIALAH

First edition. May 7, 2025.

ISBN: 979-8231816989

Written by Abraham Reymond.

Daftar Isi

Berbahagialah

Surga

Ku bosan hidup di bumi
Ingin ku pulang ke rumah Bapa di surga
Di surga tak perlu ku bersedih lagi
Di surga tak akan ku takut lagi
Bapa kami yang di surga
Dikuduskanlah nama-Mu
Datanglah kerajaan-Mu
Jadilah kehendak-Mu di bumi seperti di surga
Ku jenuh tinggal di dunia
Ingin ku kembali ke tempat tinggalku di surga
Di surga tak perlu ku khawatir lagi
Di surga tak akan ku kecewa lagi
Kuatkanlah imanku
Teguhkanlah kakiku
Agar ku s'lalu hidup dengan rasa syukur di bumi ini
Sebab Kau Bapa Penciptaku

Berdua lebih baik

Tidak baik kalau manusia itu seorang diri saja
Ku bosan hidup seorang diri saja
Maukah kau menjadi temanku?
Ingin ku menjadi temanmu
Berdua lebih baik dari pada seorang diri
Tak kuat ku hidup sendiri terus
Angkatlah aku ketika ku jatuh
Ku akan ada bagimu sebagai temanmu
Tidak mau ku hidup menyendiri tanpamu
Ku lelah berjuang tanpa hadirmu
Maukah kau menjadi sahabatku?
Ingin ku menjadi sahabatmu
Berdua lebih baik dari pada seorang diri
Tak bisa ku hangatkan diriku sendiri
Peluklah aku ketika hatiku dingin
Ku akan memelukmu ketika kau menangis
Kita diciptakan Tuhan untuk saling mengasihi
Tak mampu kita menyendiri terus-menerus
Berdua kita bisa saling mendoakan
Berdua kita bisa bercanda dan tertawa
Alangkah indahnya bila kita diam bersama dengan rukun
Tuhan memerintahkan berkat untuk persatuan kita
Terpujilah Tuhan yang mempertemukan kita
Terpujilah Tuhan yang menyatukan kita

Aku sudah sembuh

Dulu aku tersakiti
Masa kecil yang membekas
Sisa luka itu masih ada
Walaupun aku sudah sembuh
Aku sudah sembuh oleh kasih Tuhan
Kemurahan hati-Nya pulihkanku
Hatiku dimurnikan-Nya
Dia Allah yang kuduskanku
Lalu aku dilukai lagi
Cintaku terus menerus ditolak
Depresiku kembali muncul
Tapi sekarang aku sudah sembuh
Aku sudah sembuh oleh cinta Tuhan
Kasih karunia-Nya bebaskanku
Kebaikan-Nya selamatkanku
Dia Allah yang kuatkanku
Aku sudah sembuh
Walau kadang masih depresi
Aku baik-baik saja
Walau aku sebenarnya disakiti
Waktu aku takut, aku ini percaya kepada-Mu
Kaulah Allah Penyembuhku
Jika aku terluka, Kau akan sembuhkanku lagi
Aku akan baik-baik saja sebab Tuhan bersamaku

Warga kerajaan surga

Aku telah diselamatkan oleh Tuhan
Dia jadikanku anak-Nya
Dia beri aku identitas baru
Aku telah menjadi warga kerajaan surga
Aku telah menjadi ciptaan baru
Sekarang aku hidup dalam kasih Tuhan
Hanya kasih Tuhan yang mampu buktikan
Bahwa aku adalah warga kerajaan surga
Aku sekarang penuh dengan kasih
Kukasihi semua manusia di sekitarku
Kukasihi juga musuh-musuhku
Sebab itulah mandat warga kerajaan surga
Aku mengasihi sesamaku manusia
Walau mereka abaikan kasihku yang tulus
Tapi aku akan tetap mengasihi mereka
Karena aku adalah warga kerajaan surga
Aku dipilih Tuhan untuk mengasihi
Mengasihi bawaku sukacita surga
Jadilah warga kerajaan surga bersamaku
Karena saling mengasihi itu indah

Kata-kata orang jahat

Hidup dan mati dikuasai lidah
Siapa menggemakannya akan memakan buahnya
Kata-kata orang benar membawa kehidupan
Kata-kata orang jahat membawa kematian
Kata-kata orang benar membawa kesembuhan
Kata-kata orang jahat menusuk seperti pedang
Kata-kata orang benar menyelamatkan jiwa
Kata-kata orang jahat itu mencelakakan
Kata-kata orang jahat tak perlu kita dengar
Mereka bilang mengasihi musuhmu itu bodoh
Tapi Tuhan ingin kita mengasihi semua orang
Janganlah hidup dari perkataan orang jahat
Kata-kata orang jahat itu menyesatkan pikiran
Lidah mereka tidak mengaku bahwa Tuhan itu hidup
Dengarlah firman Tuhan dan perkataan orang benar
Sebab iman timbul dari pendengaran akan firman Tuhan
Kata-kata orang jahat dapat menjebak kita
Janganlah bersandar pada perkataan mereka
Lupakanlah kata-kata yang menghancurkan hati
Bersandarlah pada firman Tuhan yang menghidupkan

Pohon Zaitun

Pohon Zaitun, ciptaan Tuhan yang baik
Daunnya panjang, kecil, kasar
Pohonnya tinggi indah
Melambangkan kedamaian dan berkat Tuhan
Burung merpati mengambil daun itu setelah air bah
Minyak zaitun pun jadi janji berkat bagi umat-Nya
Kita jadi seperti pohon zaitun yang menghijau di rumah Tuhan
Bertumbuh dewasa di dalam iman dan kasih
Yesus berdoa dekat pohon zaitun
Melambangkan kekuatan di tengah kesulitan
Yesus mengajar di bukit zaitun
Dia nyatakan firman-Nya pada kita
Jadilah seperti pohon zaitun
Akarnya kuat, tak mudah goyah
Aktif berbuah untuk menjadi berkat
Berbuahlah yang lebat sebab itu dikehendaki Tuhan

Aku dibela

Aku tak disukai mereka
Entah dosa apa yang telah kuperbuat
Aku sudah berusaha mengasihi
Aku sudah berusaha menghargai
Pesan singkatku hanya dibaca
Perhatianku diabaikan mereka
Mereka membuat aku merasa ragu
Apa aku tak layak dianggap?
Sekarang aku tak mau berharap pada mereka
Ku mau berharap pada Tuhan
Biarlah Tuhan yang membelaku
Aku dibela bila aku percaya pada-Nya
Tuhan akan berperang bagiku
Aku hanya perlu percaya
Tuhanlah Pembelaku
Takkan dibiarkan-Nya aku sendiri
Aku dibela oleh Tuhan yang adil
Aku dibela oleh Hakim Agung
Aku dibela oleh Penebusku
Terpujilah Tuhan yang membela perkaraku

Katakan iya, katakan tidak

Jika iya, katakan iya
Jangan ucapkan dusta
Jika tidak, katakan tidak
Jangan bohongi hati
Hiduplah dengan integritas
Sebab jalanmu akan aman di sana
Orang yang berliku-liku jalannya
Akan diketahui suatu hari nanti
Katakan iya bila iya
Jangan mengarang cerita
Katakan tidak bila tidak
Jangan ada kepalsuan
Berbicaralah dengan jujur
Karena orang jujur bisa dipercaya
Larilah dengan lurus kepada Tuhan
Karena percuma kaya bila tak jujur
Katakan iya pada firman Tuhan
Katakan tidak pada dosa
Katakan iya pada kebenaran
Katakan tidak pada dusta
Orang jujur akan dipercaya lebih
Orang bohong tak bisa dipercaya
Orang benar akan dipromosikan Tuhan
Orang jahat tak bisa diandalkan

Semuanya baik-baik saja

Saat dunia penuh tantangan
Aku merasa takut dan lelah
Tapi aku ingat akan firman Tuhan
Yesus berkata "Jangan takut"
Semuanya terasa berat sekarang
Tapi aku percaya Tuhan besertaku
Semuanya baik-baik saja asal aku percaya
Aku hanya perlu berdiam dalam hadirat Tuhan
Saat hidup tak menyenangkan
Aku merasa depresi dan gentar
Tapi aku tahu akan kebenaran
Yesus berkata "Percaya saja"
Semuanya mungkin sulit sekarang
Tapi aku yakin Tuhan menyertaiku
Semuanya baik-baik saja asal aku beriman
Aku hanya perlu tinggal tenang bersama-Nya
Kukatakan pada diriku
Semuanya baik-baik saja
Kuberdoa dan yakin bahwa
Semuanya baik-baik saja

Berbahagialah

Dengarkanlah firman ini hai umat manusia
Simpanlah perkataan ini di lubuk hatimu
Jangan kau berkeras hati dan abaikan
Sebab perkataan ini mampu menghidupkan
Berbahagialah bangsa yang Allahnya ialah Tuhan
Berbahagialah orang-orangmu
Berbahagialah kamu dan seisi rumahmu
Berbahagialah bangsa yang demikian keadaannya
Berbahagialah keturunan orang benar yang bersih kelakuannya
Berbahagialah manusia yang diampuni Tuhan
Berbahagialah matamu karena melihat dan telingamu karena mendengar
Berbahagialah orang yang memperoleh hikmat
Berbahagialah orang yang berdukacita
Karena mereka akan dihibur
Berbahagialah orang yang murah hatinya
Karena mereka akan beroleh kemurahan
Berbahagialah orang yang suci hatinya
Karena mereka akan melihat Allah
Berbahagialah orang yang miskin di hadapan Allah
Karena merekalah yang empunya Kerajaan Sorga
Berbahagialah orang yang lapar dan haus akan kebenaran
Karena mereka akan dipuaskan
Berbahagialah orang yang dianiaya oleh sebab kebenaran
Karena merekalah yang empunya Kerajaan Sorga

Berbahagialah orang yang membawa damai
Karena mereka akan disebut anak-anak Allah
Berbahagialah orang yang lemah lembut
Karena mereka akan memiliki bumi
Berbahagialah manusia yang percaya kepada Tuhan
Berbahagialah manusia yang melakukan firman Tuhan
Berbahagialah manusia yang ditutupi dosa-dosanya
Berbahagialah manusia yang mengandalkan Tuhan
Berbahagialah orang yang tidak menjadi kecewa dan menolak Yesus
Berbahagialah orang yang kekuatannya di dalam Yesus
Berbahagialah orang yang didapati Tuhan melakukan tugasnya
Berbahagialah orang yang dihajar Tuhan
Berbahagialah orang yang hidupnya tidak bercela
Berbahagialah orang yang hidup takut akan Tuhan
Berbahagialah orang yang menuruti nubuatan Tuhan
Berbahagialah orang yang memperhatikan orang lemah
Berbahagialah orang yang berlindung pada Tuhan
Berbahagialah orang yang berpegang pada hukum
Berbahagialah orang yang melakukan keadilan di setiap waktu
Berbahagialah orang yang datang dalam nama Tuhan
Berbahagialah orang yang punya Allah sebagai Penolong
Berbahagialah orang yang berharap pada Tuhan
Berbahagialah orang yang ditegur Allah
Berbahagialah orang yang suka pada perintah Tuhan
Berbahagialah orang yang bersorak-sorak di dalam Tuhan
Berbahagialah orang yang memegang peringatan-peringatan-Nya
Berbahagialah orang yang mencari Tuhan dengan segenap hati
Berbahagialah orang yang memelihara hikmat
Berbahagialah orang yang diam di rumah Tuhan
Berbahagialah orang yang memuji-muji Tuhan
Berbahagialah orang yang mendengarkan hikmat
Berbahagialah orang yang setiap hari menunggu hikmat

Berbahagialah orang yang menaruh belas kasihan pada orang lain
Berbahagialah orang yang menabur kebenaran
Berbahagialah orang yang tidak berjalan menurut nasihat orang fasik
Berbahagialah orang yang berjaga-jaga dan memperhatikan pakaiannya
Berbahagialah orang yang dikucilkan karena Tuhan
Berbahagialah orang yang diundang ke perjamuan kawin Anak Donba
Berbahagialah orang yang bertahan dalam pencobaan
Berbahagialah orang yang memelihara firman Allah
Berbahagialah orang yang tidak menghukum dirinya sendiri karena perbuatan baiknya
Berbahagialah orang yang diselamatkan oleh Tuhan
Berbahagialah orang yang mati dalam Tuhan
Berbahagialah orang yang mendapat bagian dalam kebangkitan

Percaya saja

Dunia terus memberiku masalah
Tak henti-hentinya cobaan datang
Tapi di tengah badai kehidupan ada Tuhan
Dia berkata kepadaku
"Ini Aku, jangan takut"
Aku takkan takut sebab aku mengenali Tuhan
"Percaya saja"
Aku mau percaya kepada Tuhan Yesusku
Saat takut menghimpit jiwaku
Sesak rasanya hidupku ini
Tapi aku ingat Daud pernah bermazmur
Dia Mazmur 56 ia berkata
"Waktu aku takut, aku ini percaya kepada-Mu"
Aku akan meniru teladan Daud untuk tetap percaya
"Kepada Allah aku percaya, aku tidak takut"
Takkan ku gentar sebab aku percaya kepada Allah
Aku hanya perlu percaya saja pada Tuhan
Aku akan berdiam di rumah Tuhan
Aku mau berdoa dan mengandalkan Tuhan
Aku mau beriman bahwa Tuhan ada di sisiku

Saksi Kristus

Aku telah diutus oleh Tuhan Yesusku
Untuk menjadi saksi Kristus di muka bumi
Aku telah diberi Roh Kudus-Nya
Untuk beritakan firman-Nya pada umat manusia
Aku diciptakan sebagai saksi Kristus
Kasih karunia-Nya akan terpancar
Sebab aku hidup dalam kasih yang kudus
Aku mengasihi sebab Allah mengasihi aku
Aku telah dipilih oleh Tuhan Yesusku
Untuk menjadi saksi Kristus di dunia ini
Roh Kudus-Nya diberikan padaku
Untuk sebarkan Injil pada sesama manusia
Aku dibentuk sebagai saksi Kristus
Anugerah indah-Nya akan bersinar
Sebab aku hidup dalam cahaya kasih-Nya
Aku mengasihi sebab itulah kehendak Tuhan
Aku adalah saksi Kristus
Akan kusembah Tuhan dalam Roh dan kebenaran
Melalui perbuatan dan perkataanku
Dunia akan tahu bahwa aku adalah saksi Kristus

Tinggi hati, rendah hati

Tuhan tak mau kita tinggi hati
Dia yang tinggi hati tidak bermegah di dalam Tuhan
Tuhan mau kita rendah hati
Kita harus bermegah di dalam Tuhan
Tinggi hati mendahului kehancuran
Sebab hatinya tidak memuliakan Tuhan
Kerendahan hati mendahului kehormatan
Sebab hatinya akan dihormati Tuhan
Tuhan mau kita melayani dengan rendah hati
Seperti Dia yang datang untuk melayani kita
Janganlah engkau menjadi tinggi hati
Tetapi berikanlah kemuliaan pada Tuhan
Semua berkat yang kita miliki datang dari Tuhan
Ingatlah Nebukadnezar yang congkak hatinya
Direndahkan dia oleh Tuhan dalam sekejap
Bersyukurlah selalu agar kita senantiasa rendah hati
Bermegahlah di dalam Tuhan
Sebab Tuhanlah yang layak dimuliakan
Jangan bermegah di dalam manusia
Sebab manusia hanyalah seperti uap
Berdoalah kepada Tuhan setiap hari
Agar tidak sombong hatimu
Andalkanlah Tuhan dalam usahamu
Agar nama Tuhan selalu dipermuliakan

Aku mau bersyukur

Aku tak mau mengeluh terus
Aku mau bersyukur senantiasa
Sebab Tuhan itu baik
Kasih setia-Nya itu kekal
Aku tak mau terus meratap
Aku mau bersuka selalu
Sebab Tuhan itu setia
Kasih karunia-Nya itu indah
Ajarkan aku untuk bersyukur
Agar aku selalu bahagia
Aku akan terus berdoa
Sampai aku bersyukur kepada Tuhan
Aku mau bersyukur kepada Tuhan
Sebab ada mujizat dalam bersyukur
Aku ucapkan syukurku setiap hari
Sebab Tuhan baik setiap hari

Aku mau terus mengasihi

Allah adalah kasih
Aku mengasihi sebab Ia terlebih dulu mengasihi aku
Kasihku tak tentu dikembalikan oleh manusia
Tapi aku akan terus mengasihi
Aku mau terus mengasihi mereka
Sebab itulah kehendak Tuhan yang mulia
Aku mau terus mengasihi Tuhan
Sebab Dialah anugerah terindah bagiku
Yesus adalah kasih
Aku mengasihi sebab Allah mau aku mengasihi
Meski kasihku tak dikembalikan oleh manusia
Aku akan setia mengasihi
Aku mau terus mengasihi mereka
Sebab mengasihi itu tak pernah sia-sia
Aku mau terus mengasihi Tuhan
Sebablah Dialah kasih karunia yang terbesar
Kuatkan aku untuk terus mengasihi
Tak mau menyerah untuk mengasihi
Memberi kasih itu mulia
Memberi kasih itu panggilanku
Aku mau terus mengasihi
Baik musuhku atau temanku
Akan kukasihi semua manusia
Sebab kasih itulah yang terindah dan terhebat

Kasih yang membangun

Tuhan mau kita saling mengasihi
Sebab kasih tidak merugikan siapa-siapa
Tuhan tak mau kita tanpa kasih-Nya
Allah adalah Kasih yang membangun
Kasih yang membangun kedewasaan
Teguran nyata itu membangun
Kasih yang membangun tanggung jawab
Tuhan mendisiplin kita sesuai dengan kasih karunia-Nya
Tuhan mau kita saling membangun
Sebab kasih itu saling menyenangkan
Tuhan mau kita selalu penuh dengan kasih
Tuhan adalah Kasih yang membangun
Kasih yang membangun kebahagiaan
Firman-Nya jadi fondasi sukacita
Kasih yang membangun rumah tangga
Kasih Tuhan jadi sumber pengajaran
Kasih yang membangun itu indah
Kasih itu tidak cuek
Kasih yang membangun itu mulia
Kasih itu tidak mementingkan diri sendiri
Marilah kita mengasihi lebih lagi
Sebab kasih yang membangun itu kehendak Tuhan
Marilah kita jadi kasih yang membangun
Terangilah satu sama lain setiap hari

Ampuni mereka

Manusia berdosa telah melukaiku
Ada yang telah menipuku
Ada yang cuekin aku
Ada yang menghina aku
Ampuni mereka oh Tuhan
Kau telah mengampuni aku
Ampuni mereka seperti Kau mengampuni aku
Biar mereka tahu kehebatan kasih-Mu
Manusia jahat telah menyakitiku
Ada yang telah bohongi aku
Ada yang menghujat nama-Mu
Ada yang tidak bertanggung jawab
Ampuni mereka lagi oh Tuhan
Seperti dosaku yang telah Kau ampuni
Ampuni mereka seperti Kau mengampuni aku
Biar mereka dapat mengenal kasih-Mu
Berilah aku hati yang mau terus mengasihi
Walau mereka itu menyebalkan
Berilah aku hati yang mau terus mengampuni
Walau mereka tidak menyesali dosa mereka
Hajar mereka dengan tongkat-Mu
Disiplinkan mereka sesuai kasih karunia-Mu
Jangan biarkan mereka lukai aku lagi
Jangan biarkan mereka berdosa kepada-Mu

Dalam segala hal

Tuhan turut bekerja dalam segala sesuatu
Ia mendatangkan kebaikan bagiku
Sebab aku mengasihi-Nya
Aku adalah manusia pilihan Allah
Aku bersyukur dalam segala hal
Sebab itulah kehendak Tuhan
Aku memuji Tuhan setiap waktu
Sebab itulah alasanku hidup
Tuhan menjadikan segala sesuatu indah
Ia merancangkan damai bagiku
Sebab aku dikasihi-Nya
Aku adalah ciptaan yang terindah
Aku mengucap syukur dalam segala hal
Sebab itulah yang baik
Aku menyembah Tuhan setiap saat
Sebab itulah tujuanku ada
Kulakukan segala sesuatu untuk Tuhan
Sebab Ia memberikan segalanya bagiku
Dalam segala hal aku berterima kasih
Dalam segala hal aku bersyukur

Mengampuni itu kasih

Allah adalah kasih
Aku diselamatkan oleh darah-Nya
Dosaku telah diampuni
Pelanggaranku telah dihapus
Mengampuni itu kasih
Kuampuni semua kesalahan manusia
Sebab Allah telah mengampuniku
Tak mau lagi hidup dalam kepahitan
Dosaku tak lagi diperhitungkan
Aku disucikan oleh bilur-Nya
Kesalahanku telah diampuni
Akan kumaafkan kesalahan manusia
Mengampuni itu kasih
Kumaafkan kejahatan manusia
Sebab Yesus telah memaafkanku
Aku mau hidup dalam kasih Tuhan
Manusia terus menyakitiku
Ditipu dan diabaikan
Ditinggal dan ditolak
Sesungguhnya aku tersakiti
Ampuni aku Tuhan
Biar aku ampuni sesamaku
Mengampuni itu kasih
Akan kukasihi sesamaku
Penuhi aku dengan kasih-Mu

Biar aku dapat mengampuni
Terima kasih buat pengampunan-Mu
Mengampuni sesama itulah kehendak-Mu

Bumi yang baru

Tanah lama akan digantikan
Yang sekarang akan berlalu
Tanah yang baru akan datang
Itulah janji Tuhan pada kita
Bumi yang baru
Tanah yang dikutuk diganti
Tanah baru diberkati Tuhan
Tak perlu menangis lagi
Dunia fana akan dihancurkan
Maut tak lagi memisahkan
Tinggal bersama dengan Tuhan
Semua penderitaan dihapuskan
Bumi yang baru
Kemuliaan Tuhan menyinari segalanya
Tak ada lagi kegelapan
Kejahatan tak lagi berkuasa
Orang percaya ditulis namanya
Dalam Kitab Kehidupan
Masuk ke bumi yang baru
Iman pada Yesus menyelamatkan
Bumi yang sempurna
Dosa tak lagi berbuah
Semua jadi suci dan indah
Itulah tanah perjanjian kita

Teman yang mencelakakan

Tak semua teman itu baik
Ada yang membangun kasih
Ada yang menyesatkan pikiran
Berhati-hatilah selalu
Teman yang mencelakakan
Mulutnya penuh dengan dusta
Matanya pancarkan kebencian
Tangannya enggan menolong
Pergaulan yang buruk
Kebiasaan mereka merusak
Hati kita ikut tercemar
Mulut kita jadi kotor
Teman yang mencelakakan
Janjinya tak ditepati
Hidup dalam belenggu dosa
Maut mereka bawa selalu
Jauhilah yang jahat
Bertemanlah dengan anak Tuhan
Beribadahlah dengan jemaat gereja
Agar kita tidak tercemar dosa

Kuucapkan terima kasih

Sejarah hidupku ditulis Tuhan
Teman-teman datang dan pergi
Hadiah dari Tuhan untukku
Sekalipun sekarang bukan temanku
Kuucapkan terima kasih
Telah hadir mewarnai hidupku
Tawa canda mereka membekas
Suara unik melukis hariku
Masa depanku dijaga Tuhan
Manusia akan datang dan pergi
Berkat Tuhan yang mulia
Walau muncul hanya sesaat
Kuucapkan terima kasih
Berbeda dampak yang kurasakan
Buat aku tersenyum lebar
Aku jadi semakin dewasa
Tuhan ciptakan segalanya untukku
Bersyukur aku karena kasih-Nya
Tumbuh dewasa dalam iman
Semakin bijak dan bahagia

Perjumpaan pribadi dengan Tuhan

Di dalam kegelapan dunia
Ada terang mengejar aku
Allah Bapa memelukku
Hangat kasih-Nya ubahkanku
Perjumpaan pribadi dengan Tuhan
Mataku terbuka
Karya cinta-Nya selamatkanku
Bebaskanku dari belenggu dosa
Kerasnya hatiku Ia luluhkan
Firman-Nya menuntun jalanku
Gereja-Nya jadi rumah kedua
Komunitas kasih Ia sediakan
Bertemu muka dengan muka
Hatiku terbakar
Api kasih-Nya bangkitkanku
Berikan aku hidup kekal
Pengalaman yang tak terlupakan
Perjumpaan pribadi dengan Tuhan
Jamahan Roh Kudus kurasakan
Aku jadi cinta Tuhan

Urapi kami

Tuhan Yesus Raja Damai
Penuhi kami dengan Roh-Mu
Tuntun kami untuk taat
Amanat Agung kami jalani
Urapi kami dengan Roh Suci
Teguhkan semua kesaksian
Berikan hati yang terbeban
Biar kuasa kasih-Mu memenuhi kami
Tuhan Yesus Allah Immanuel
Jadikan kami alat injil-Mu
Ajari kami untuk mengasihi
Perintah kudus kami lakukan
Jadikan kami saksi Kristus
Beritakan kebenaran Alkitab
Sampai ke ujung bumi
Menyelamatkan jiwa yang terhilang
Kuduskan kami selalu
Biar tak bercela di mata orang
Urapi kami dengan tanda mujizat
Biar kesembuhan terjadi
Nama Yesus dimuliakan
Melalui kami terang-Mu dinyatakan
Garam dan terang dunia
Kamilah warga kerajaan sorga

Bersatu dalam kasih

Berbeda suku dan budaya
Darah dari keluarga lain
Satu iman kepada Tuhan
Allah kita yaitu Yesus
Bersatu dalam kasih
Bersama kita menyembah Tuhan
Nyanyian kemenangan terdengar
Canda tawa hangatkan suasana
Beragam warna kulit dan rambut
Bersama rayakan perbedaan
Satu harapan pada Yesus
Juruselamat manusia
Bersatu dalam kasih
Satu irama memuji Tuhan
Simfoni surgawi bergema
Menyembah Yesus Allah kita

Di bawah matahari

Bekerjalah selama kau hidup
Sia-sia bila kau menganggur
Waktu di bumi terbatas
Kemalasan undang kerja paksa
Bekerjalah untuk makananmu
Nikmatilah hidupmu dalam Tuhan
Di bawah matahari yang hangat
Tuhan mau kita bersuka
Sementara waktumu di dunia
Kerjakanlah ladangmu
Kelimpahan Tuhan janjikan
Tangan rajin memegang kuasa
Jangan kejar kekayaan fana
Kumpulkanlah harta di surga
Materi duniawi akan lenyap
Di bawah matahari semuanya hilang
Jangan terlalu banyak tidur
Kemiskinan menyerang orang malas
Kembangkanlah talentamu
Sebab itu pemberian Tuhan
Biar berlipat ganda berkatmu
Menyenangkan Tuhan dan sesama
Jangan lupakan Yesus Tuhan
Sebab Dia Pencipta segalanya
Persembahkan hidupmu kepada Tuhan

Sebab Dia mati bagi kita
Korban syukur Dia mau
Harum dan terbaik bagi Tuhan

Gunung Sinai

Gunung kudus
Tuhan berikan Sepuluh Perintah
Gunung Sinai
Nabi Musa dipercaya
Tinggi mencapai langit
Perjumpaan Musa dengan Tuhan
Tuhan menampakkan diri
Api Tuhan menghanguskan
Juga disebut gunung Horeb
Musa naik ke puncak
Menerima Sepuluh Perintah
Dasar hukum bangsa Israel
Allah berbicara kepada Musa
Bertemu muka dengan muka
Hubungan intim dengan Tuhan
Kemuliaan Tuhan dinyatakan
Muka Musa bersinar
Melambangkan terang kasih Tuhan
Dikuduskan untuk Tuhan
Jadi saksi kemenangan
Tempat ziarah manusia
Mendaki jejak sejarah keagamaan
Perjumpaan pribadi dengan Tuhan
Pengalaman tak terlupakan
Panorama indah

Matahari terbit dari puncak
Hangat terasa kasih Tuhan
Kecantikan alam ditunjukkan
Peneguhan iman
Semakin dekat dengan Tuhan
Perubahan hidup
Firman Tuhan menerangi langkah
Tak hidup dalam kebingungan
Taat pada Sepuluh Perintah
Penyertaan Tuhan yang sempurna
Janji Tuhan yang digenapi

Kebahagiaan sejati

Kenikmatan yang dunia tawarkan
Membuatku merasa hampa
Berlangsung sementara saja
Seperti angin sepoi-sepoi
Kucari kebahagiaan sejati
Mencari wajah Tuhan
Janji beri aku kelegaan
Hidup kekal Dia karuniakan
Kesenangan yang manusia berikan
Tak bisa buatku penuh
Kasih mereka tak kekal
Tak seperti kasih Tuhan
Kulihat kebahagiaan sejati
Semua di dalam Tuhan
Kasih karunia-Nya memenuhiku
Air kehidupan yang memuaskan
Firman Tuhan mengenyangkanku
Bahagiaku terasa sempurna
Melimpah berkat Tuhan bagiku
Mengalir melalui gunung kudus-Nya
Kucari hadirat-Nya tiap hari
Suara Tuhan dalam titah-Nya
Alkitab jadi pedoman hidupku
Biar kebahagiaan kekal penuhi
Selamanya Tuhan beriku sukacita

Kekuatan jiwa yang menopang
Penuhi kebutuhan rohku
Hanya Tuhan jawaban hidupku
Jamahan Roh Kudus ubahkanku
Aman aku dalam naungan-Nya
Selamatkanku dari kefanaan dunia
Terpujilah Tuhan sukacita surgaku

Akulah Yesus Kristus

Dengarkanlah suara-Ku
Jangan keraskan hatimu
Akulah Yesus Kristus
Allah Putra
Berbahagialah kau yang percaya
Imanmu menyelamatkanmu
Aku Tuhan Allahmu bersamamu
Menyertaimu sampai akhir zaman
Lakukanlah firman-Ku
Jangan abaikan kebenaran
Akulah Yesus Kristus
Allah Anak
Diberkatilah kau yang beriman
Kasih-Ku membebaskanmu
Aku Gembala Agung menemanimu
Menghapus semua pelanggaranmu
Aku adalah Anak Manusia
Darah-Ku dicurahkan untukmu
Bilur-Ku sembuhkan lukamu
Kau hanya perlu percaya
Taruhlah firman di hatimu
Siramilah dengan ketaatan
Biar kau berbuah lebat
Jadi berkat bagi semua
Aku adalah Pokok Anggur

Kau adalah ranting-rantingnya
Tinggallah di dalam-Ku
Hasilkanlah buah Roh Kudus
Kau yang berletih lesu
Lelah hatimu oleh ketakutan
Kekhawatiran menghimpit jiwamu
Dengarkanlah perkataan-Ku
Datanglah kepadaku sekarang
Aku akan memberimu kelegaan
Pikullah kuk yang Kupasang
Belajarlah pada-Ku
Aku lemah lembut
Jiwamu akan mendapat ketenangan
Kuk yang enak
Beban-Ku ringan bagai bulu
Akulah Raja Damai
Kasihilah sesamamu manusia
Semua musuh dan sekelilingmu
Itulah kehendak Bapa-Ku
Akulah Allah Perkasa
Beritakan Injil kedamaian
Sembuhkanlah yang sakit
Lepaskan yang terbelenggu
Akulah Penasihat Ajaib
Berjaga-jagalah senantiasa
Jangan jauh dari-Ku
Aman kau dalam naungan-Ku
Aku mengucap syukur
Namamu tertulis di Kitab Kehidupan
Surga menyambut kehadiranmu
Malaikat bernyanyi dengan tarian
Akulah Roti Hidup

Bahagiamu penuh bersamaku
Akulah Air Kehidupan
Kupuaskan dahagamu selalu
Akulah Tuhan Yesus
Kakimu telah kubasuh
Manusia lama telah berlalu
Kau sudah lahir baru
Akulah Jalan, Kebenaran, dan Hidup
Tak bisa ke Bapa tanpa-Ku
Rumah di surga telah tersedia
Kumpulkanlah harta surgawi
Janganlah kau khawatir
Tak menambah sehasta
Burung di langit dipelihara
Bunga tumbuh mekar tanpa bekerja
Kau berharga bagi-Ku
Seperti bapa sayang anaknya
Demikianlah Aku mengasihimu
Takkan kubiarkan kau kelaparan
Kerjakanlah ladangmu
Kemalasan tak Kuberkati
Carilah Aku selalu
Aku selalu ada untukmu
Tak sekalipun kau Kutinggalkan
Sukacita surga jadi kekuatanmu
Hikmat kebajikan menuntunmu
Firman jadi pelita hidupmu
Orang berdosa kupanggil
Jangan takut menghampiri-Ku
Dosa-dosamu kuampuni
Datanglah apa adanya
Pulanglah ke pelukan-Ku

Kurindu kau hadir di sini
Bertemu dengan-Ku lagi
Terimalah berkat-Ku
Tangan-Ku terbuka untukmu
Pertolongan ada pada-Ku
Aku tahu semua tentangmu
Jangan sembunyi dari-Ku
Kuduskanlah dirimu
Sebab Aku kudus
Kaulah warga Kerajaan Surga
Jadikan kasih fondasi hidup
Jangan abaikan sesamamu
Kasih dingin bukan kehendak-Ku
Tak pernah rugi mengasihi
Aku melihat semua perbuatanmu
Hidup kekal Kujanjikan
Kuundang Kau ke rumah-Ku
Perjamuan Kawin Anak Domba
Kenakanlah pakaian kebenaran
Jadikanlah semua bangsa murid-Ku
Baptislah mereka dalam nama-Ku
Allah Bapa, Putra, dan Roh Kudus
Ajarkanlah mereka semua perintah-Ku
Ketahuilah isi hati-Ku
Sampai selamanya Aku menyertaimu
Akulah Yesus Kristus
Allah dan Sahabat yang sejati

Bilangan

Setiap jiwa berharga
Semua manusia diingat Tuhan
Kebenaran yang diperhitungkan
Tak ada yang dilupakan
Tuhan perhatikan segalanya
Langkah makhluk Dia tetapkan
Segala sesuatu itu berguna
Sebab Tuhan yang ciptakan
Tak ada yang sama
Berharga di mata Tuhan
Tak terbatas pengetahuan-Nya
Melampaui pikiran manusia
Aku adalah sebuah kitab
Tertulis perjalanan bangsa Israel
Jumlah bagai bintang-bintang
Janji Tuhan pada Abraham
Urapan Tuhan pada Musa
Tak dibiarkan anak-Nya dihina
Penghujat akan dihukum
Janganlah kau memberontak
Tercatat dosa manusia
Besar kasih karunia Tuhan
Pengampunan Dia berikan
Keselamatan Dia janjikan
Tanah perjanjian

Berlimpah madu dan susu
Besar musuh-musuh Israel
Raksasa yang mengerikan
Kota Yerikho yang kokoh
Kubu pertahanan yang megah
Mata-mata itu gemetar
Tawar hati melihat tantangan
Kegelapan melingkupi Israel
Ketakutan memerintah atas mereka
Berontak pada Tuhan
Lupakan kasih setia-Nya
Yosua dan Kaleb
Mereka melihat janji Tuhan
Iman mereka teguh kepada-Nya
Berani melangkah dengan percaya
Mereka ingat kesetiaan Tuhan
Hidup dalam ketaatan
Tak dilupakan mujizat Tuhan
Membebaskan mereka dari perbudakan
Bangsa yang tegar tengkuk
Menggerutu tanpa henti
Tulah Tuhan dinyatakan
Hukuman pada anak-anak-Nya
Beban seorang pemimpin
Amarah yang membara
Rusak karena pengikutnya
Mendukakan hati Tuhan
Bangsa yang diberkati Allah
Kutukan Bileam tak kena
Nubuat berkat yang dicurahkan
Perlindungan Tuhan nyata
Berpaling dari Tuhan

Menyembah allah lain
Dosa membuahkan maut
Hati Bapa didukakan
Panjang kasih setia Tuhan
Dengan sabar menegur anak-Nya
Tongkat dan gada
Setia meluruskan yang bengkok
Yosua dipilih Tuhan
Meneruskan kepemimpinan Musa
Minyak urapan pada Yosua
Kemurahan Tuhan atas Israel
Angka dan data surgawi
Tak ternilai cinta Tuhan
Penggenapan janji-Nya pada Abraham
Melebihi imajinasi manusia
Akulah hukum Taurat
Fondasi moral bangsa Israel
Pelajaran kekal bagi manusia
Menuntun untuk hidup kudus
Ukirlah kasih setia Tuhan
Dalam lubuk hatimu
Tak terhitung kebaikan-Nya
Penuh bukumu dengan mujizat-Nya
Berkat Tuhan telah dijanjikan
Hanya perlu percaya kepada-Nya
Air kehidupan yang kekal
Dia akan memuaskan dahagamu

Kerjakanlah ladangmu

Akulah bentuk perintah
Dengarkanlah aku
"Kerjakanlah ladangmu"
Pahamilah isi hatiku
Aku ingin kau bertekun
Mengolah ladangmu sendiri
Perhatikan setiap tanaman
Jangan sampai ulat merusak
Aku adalah sebuah ajakan
Kehendak Tuhan bagi manusia
"Kerjakanlah ladangmu"
Bertanggung jawablah atas tugasmu
Ingatlah pekerjaanmu
Fokus pada apa yang menjadi bagianmu
Bekerja keras
Rajin pangkal kaya
Jangan mencampuri urusan orang lain
Selesaikan milikmu sendiri
Tak pedulikan rumput tetangga
Hijaukanlah rumputmu dulu
Panggilan hidupmu
Kejarlah harta surgawi
Ladang kekal di hatimu
Siramilah akarmu
Jauhkanlah iri hati

Sia-sia bila terus membandingkan
Semua orang punya berkat pribadi
Percayalah Tuhan selalu setia
Firman Tuhan menyegarkan
Membuatmu berbuah lebat
Keberhasilan akan mengejarmu
Sebab Tuhan tidak pernah gagal

Jangan berjalan sendiri

Tak baik hidup seorang diri
Janganlah kurung dirimu
Siapa yang dapat menolongmu?
Hancur tanpa dibantu siapapun
Jangan berjalan sendiri
Bergaullah dengan orang bijak
Biar mereka dapat menolongmu
Membawamu dekat pada Tuhan
Berkumpullah dengan anak Tuhan
Bangun kebiasaan yang baik
Pertemuan-pertemuan kudus
Bebas dari semua yang jahat
Bukalah pintu hatimu
Duduklah dengan orang benar
Kau akan mendengar hikmat
Semakin dewasa setiap harinya
Jangan berjalan sendiri
Berdirilah dengan gereja Tuhan
Mereka akan menguatkanmu
Takkan kau meratap sendirian
Hangat kasih mereka berikan
Menari bersama dalam hadirat Tuhan
Memelukmu saat kau berduka
Tak dibiarkan kau jalan sendiri

Janji Allah setia

Percayalah selalu kepada Tuhan
Serahkan hidupmu kepada-Nya
Jangan bersandar pada pengertianmu sendiri
Tuhan melebihi pikiran kita
Janji Allah setia
Kasih-Nya menjaga setiap umat-Nya
Sampai akhir hidup kita
Allah kita akan selalu setia
Firman-Nya tidak pernah gagal
Setiap kata yang Ia ucapkan
Berbuah lebat pada waktunya
Kuasa hikmat-Nya sempurna
Kasih setia-Nya kekal
Perbaharui kita setiap pagi
Menjamin setiap langkah
Lindungi kita dari yang jahat
Allah kita selalu berhasil
Sukacita melimpah Ia berikan
Janji Allah setia
Sampai selamanya menyertai kita

Pedang Roh

Akulah Firman Tuhan
Pedang Roh bagi manusia
Senjata oleh Roh Kudus
Menyelamatkan orang percaya
Dalam peperangan rohani
Akulah Pedang yang menyerang
Kubongkar kebohongan Iblis
Kutipan Firman berikan kekuatan
Kekuatanku pada manusia
Mengatasi pencobaan dan godaan
Menegur yang bersalah
Mengajar dalam kebenaran
Memperbaiki kelakuan buruk
Setiap hari kudidik dengan kasih
Aku tajam dan menembus
Hidup dan kuat
Lebih tajam dari semua pedang
Menusuk dalam batin manusia
Aku mengungkap niat mereka
Pikiran mereka kusingkapkan
Kuubah hati yang jahat
Membawa pertobatan sejati
Digerakkan oleh Roh Kudus
Akulah Pedang Roh
Hanya dengan kuasa Roh Kudus

Firman tanpa Roh menjadi mati
Dengan tuntunan Roh kudus
Aku berkuasa di bawah matahari
Akulah senjata utama
Melawan roh-roh jahat di udara
Saat hati gelisah
Aku memberi damai
Walau imanmu goyah
Aku setia membangkitkan harapan
Ketika kegelapan menyerang
Akulah terang atas jalanmu
Setiap kata dari Tuhan
Kekuatan ilahi untuk membela
Kuserang musuh-musuhmu
Kau menang dalam peperangan iman
Aku tak pernah gagal
Selalu berhasil menjadi pelita
Sampai selamanya aku setia
Menghidupkan kau yang terlelap

Bertumbuh dalam kasih

Berpeganglah kepada kebenaran
Bertumbuh dalam kasih
Dalam segala hal ke arah Kristus
Kepala hidup kita
Kasih adalah dasar pertumbuhan rohani
Lebih dari perasaan
Kasihlah pusat kehidupan Kristen
Allah adalah kasih
Semua orang akan tahu kita murid-Nya
Kita hanya perlu saling mengasihi
Pelayanan jadi kosong tanpa kasih
Kasih adalah akar iman kita
Bertumbuh dalam kasih
Butuh proses dan komitmen
Tiada tanaman bertumbuh instan
Kasih yang sejati itu teruji
Konflik dan perbedaan
Melatih kesabaran kita
Kasih sejati
Rela memberi tanpa syarat
Tetap mengasihi walau disalahpahami
Sekalipun tidak dihargai
Pertumbuhan terjadi
Kita ditempa melalui masalah
Kesatuan dalam tubuh Kristus

Seluruh tubuh bertumbuh oleh kasih
Makin serupa Kristus secara pribadi
Membangun gereja yang kuat dan bersatu
Nyatakan kasih dalam tindakan
Bukan dengan perkataan saja
Memberi saat ada yang membutuhkan
Mendengar mereka yang kesusahan
Mengampuni yang mengkhianati kita
Melayani yang berdosa
Tetap tersenyum walau dihina
Mendoakan jiwa yang tersesat
Kasih kepada Tuhan
Lebih dekat setiap hari
Kasih untuk sesama
Kemurahan hati penuhimu
Roh Kudus membentuk hati kita
Kasih Kristus dinyatakan
Ajar kami untuk bertumbuh dalam kasih-Mu
Biarlah kasih menjadi dasar dari segalanya

Akulah kemenangan

Kukalahkan semua musuh
Tak pernah aku mundur
Maju hancurkan kegelapan
Akulah kemenangan
Aku hadir di sini
Janji Tuhan pada umat-Nya
Memberimu kelegaan
Kuberikan kemuliaan
Sorakkan namaku
Tuhan telah menciptakanku
Berkat bagi anak-anak-Nya
Nyanyikan pujian oleh karenaku
Kupukul mundur kuasa kegelapan
Roh-roh jahat di udara telah kalah
Aku telah mengalahkan dunia
Sebab Tuhanlah Allahku
Akulah kemenangan
Kau hanya perlu percaya kepada-Nya
Tinggal tenang dalam hadirat Tuhan
Allah akan berperang bagimu
Jika Allah di pihakmu
Maka siapa jadi lawanmu?
Menarilah sebab aku adil
Janji sukacita mengalir dalamku
Berpestalah dalam Tuhan

Riang gembira terlihat
Sorak sorai terdengar
Sebab aku hadir untukmu

Bangunlah, hai jiwaku

Mengapa hatiku lelah?
Jiwaku bersedih
Lupa bahwa Tuhanlah Allahku
Aku telah tertidur lelap
Bangunlah, hai jiwaku
Sampai kapan kau akan tidur?
Bermalas-malasan setiap hari
Mengabaikan kehendak Tuhan
Carilah wajah-Nya selalu
Tuhan akan memberi kelegaan
Sukacita Tuhan jadi kekuatanku
Sebab Dialah alasanku hidup
Bangkitlah dari kuburmu
Jangan sampai rohku mati
Biarlah api Tuhan terus menyala
Melayani Tuhan selama-lamanya
Berdoalah siang dan malam
Ingat kasih-Nya dalam hidupku
Renungkan firman Tuhan
Setiap hari hidup dalam ketaatan
Jangan berpikir aneh-aneh
Jauhkanlah dosa yang mematikan
Mereka hanya membawa maut
Kenikmatan dosa hanya sementara
Bangunlah, hai jiwaku

Pandanglah Allah sang Mahakudus
Maka aku akan selalu bersinar
Bagai terang di pagi
Sinarilah wajahku oh Tuhan
Jawablah doaku
Inilah keseruan hatiku
Aku mau bangun dan hidup bersama-Mu

Doa orang benar

Doa orang yang benar
Bila dengan yakin didoakan
Sangat besar kuasanya
Itulah janji Tuhan pada kita
Doa bukan sekadar rutinitas rohani
Hubungan intim antara manusia dengan Allah
Kekuatan dari doa orang yang benar
Kita terima kuasa dari Tuhan
Bukan karena kesempurnaan
Kita dibenarkan oleh iman
Iman timbul dari pendengaran
Firman Tuhan menuntun kita
Orang benar
Mereka yang percaya kepada Kristus
Senantiasa hidup dalam pertobatan
Hidup selaras dengan kehendak Tuhan
Kerja dalam kebenaran
Menjaga kekudusan
Tidak bermain-main dengan dosa
Menjaga hati tetap murni di hadapan Tuhan
Doa orang benar
Didasarkan pada iman
Kepercayaan penuh kepada Tuhan
Bukan sekadar kata-kata
Penuh keyakinan

Sungguh-sungguh
Terus-menerus
Tidak mudah menyerah
Tetap percaya walau jawaban belum terlihat
Berjalan dengan kehendak Allah
Bukan untuk keinginan pribadi semata
Untuk kemuliaan Tuhan
Kuasa dari doa orang benar
Mengubah situasi
Elia berdoa
Hujan tidak turun
Menyembuhkan dan memulihkan
Doa syafaat
Kesembuhan dan pemulihan
Baik secara fisik maupun rohani
Membuka jalan yang tertutup
Pintu yang mustahil akhirnya terbuka
Hiduplah benar di hadapan Tuhan
Dialah kebenaran dan hidup
Jaga hatimu
Tindakanmu
Perkataanmu
Matamu
Tetaplah dalam jalur Tuhan
Jangan ragu untuk berdoa
Sekalipun merasa tidak layak
Kita dibenarkan oleh darah Kristus
Jadilah pendoa syafaat
Bagi keluargamu
Gerejamu
Bangsamu
Doa orang benar

Bukan sekadar ritual
Senjata rohani yang luar biasa
Tuhan mendengar kita
Ia menjawab doa yang tulus
Lahir dari hati yang taat
Percaya Tuhanlah Allah kita
Dia sanggup lakukan segalanya
Mari kita jadi pribadi yang hidup benar
Saluran berkat melalui doa-doa kita
Terang di tengah kegelapan
Hidup kudus bagi sang Mahakudus

Hati nurani

Dengarkan bila kubicara
Jangan kau abaikan aku
Akulah hati nurani
Harta setiap anak manusia
Aku telah diciptakan Tuhan
Kujaga kehidupanmu selalu
Air kehidupan mengalir
Jangan kau rusak aku
Janganlah keraskan hatimu
Kau sudah tahu kebenaran
Aku selalu berbisik "jangan"
Peranku sebagai penjaga rohmu
Kupancarkan kehidupan
Jagalah aku dengan segala kewaspadaan
Maka kau akan bersinar terang
Berkat melimpah tersedia untukmu
Kulawan hawa nafsumu
Roh hikmat kuberi
Membedakan yang benar dan salah
Akal sehat ada dalamku
Aku ini hati nuranimu
Jangan kau nodai dengan dosa
Murnikanlah aku selalu
Biar kasihmu tulus bagai merpati
Jangan kau lukai aku

Bersoraklah sebab kau mendengarku
Akulah hadiah Tuhan untukmu
Menuntunmu ke jalan yang suci

Kujaga kesehatanku

Tubuhku akan kujaga
Akulah bait Roh Kudus
Berharga aku di mata Tuhan
Tercipta untuk kemuliaan-Nya
Kujaga kesehatanku
Minum 8 gelas air putih
Setiap hari jauhkan dehidrasi
Tak mau jatuh sakit
Aku benci asap rokok
Tak indah dipandang
Merusak tubuhku
Kesia-siaan belaka
Setiap hari atur makanan
Seimbang dan secukupnya
Tak mau berdosa terhadapku sendiri
Dosa rakus harus kulawan
Makan untuk hidup
Sayur dan buah setiap hari
Menyegarkan sel-sel tubuhku
Melancarkan pencernaan
Kujaga kesehatanku
Walau tubuh ini hanya sementara
Namun aku tetaplah anak Tuhan
Dipercaya untuk menyinari dunia
Tak bisa bersinar jika terus sakit

Semakin sehat semakin baik
Minum obat dan vitamin
Biar aku senantiasa bugar
Kukasihi diriku sendiri
Sebab itulah kehendak Tuhan
Kuperhatikan keluar masuk tubuhku
Agar hidupku panjang di bumi ini

Takut akan Tuhan

Saudara-saudari yang terkasih
Dengarlah firman Tuhan
Hiduplah takut akan Tuhan
Jangan keraskan hatimu
Bukan ketakutan
Takut terhadap bahaya
Tapi takut mendukakan hati-Nya
Rasa hormat kepada Allah
Kesadaran yang mendalam akan kekudusan
Mengenali kuasa Tuhan
Sikap hati yang mengakui otoritas Tuhan
Kedaulatan-Nya atas hidup kita
Ini bukan sekadar rasa cemas
Penghormatan penuh kepada Tuhan
Pencipta segala sesuatu
Tunduk kepada-Nya
Takut akan Tuhan
Permulaan hikmat
Pengenalan terhadap Yang Mahakudus
Pengertian kebenaran hidup
Segan kepada Tuhan
Mengarahkan kita untuk hidup benar
Prinsip-prinsip-Nya kita pegang
Menghormati firman-Nya
Sumber dari hikmat sejati

Hidup sesuai dengan kehendak-Nya
Pengertian yang melampai segala akal
Di atas pengetahuan duniawi
Kekekalan dalam pikiran kita
Menjadi bijak dalam keputusan kita
Kebijaksanaan ilahi
Damai sejahtera dalam kehidupan kita
Hidup dalam kekudusan
Takut akan Tuhan
Menjadi seperti Tuhan
Terpisah dari dosa
Mendekatlah kepada-Nya
Dengarkanlah suara-Nya
Menghindari apa yang tidak berkenan kepada-Nya
Melakukan kehendak Bapa
Berkat dari Tuhan
Tuhanlah sumber kehidupan
Jauh dari jerat maut
Dilindungi dari kejahatan dan bahaya
Kedamaian dan kebahagiaan sejati
Semua hanya datang dari Tuhan
Seperti Ayub yang menderita
Ia tetap hidup dengan takut akan Tuhan
Saleh dan jujur
Walau ujian hidup datang
Komitmennya kepada Tuhan tidak goyah
Senantiasa percaya pada Tuhan
Fondasi yang tidak bisa tergoyahkan
Meskipun segala sesuatu tampak tidak pasti
Tuhanlah yang terutama
Mengasihi-Nya dengan segenap hati, jiwa, dan pikiran
Mengakui-Nya dalam setiap langkah kita

Landasan bagi kehidupan kekal
Terpujilah Tuhan yang ditakuti bangsa-bangsa
Kuasa-Nya memelihara anak-anak-Nya

Mempelai Kristus

Aku dipilih oleh Tuhan
Jadi mempelai Kristus
Dikuduskan oleh darah-Nya
Menjadi suci seperti Yesus
Yesus Kekasih jiwaku
Kaulah pilihan hidupku
Aku tunduk kepada-Mu
Seperti istri tunduk pada suaminya
Kucinta Kau sepenuh hati
Cukup Kau di sampingku
Hadiratmu menyegarkanku
Memberi sukacita surga
Akulah mempelai Kristus
Hidupku hanya untuk Yesus
Tiada yang lain
Hanya Tuhanlah Allahku selama-lamanya

Berfirmanlah kepadaku

Oh Tuhan Yesus
Kucari wajah-Mu selalu
Kasih-Mu baharui aku
Tuntun aku dalam kebenaran
Berfirmanlah kepadaku
Kubaca Alkitab setiap hari
Terlukis indah tulisan Allah
Terangi setiap jalanku
Iman timbul dari pendengaran
Pendengaran akan firman Allah
Saat kekhawatiran menghimpit jiwaku
Aku akan berpegang pada janji-Mu
Penghiburan-Mu menyegarkan jiwaku
Kupercaya akan janji-Mu
Setia melindungi selalu
Takkan pernah lekang oleh waktu
Berfirmanlah kepadaku
Biar kudengar suara-Mu
Pelita bagi kakiku
Bawaku ke terang abadi

Kerendahan hati mendahului kehormatan

Takut akan TUHAN
Didikan yang mendatangkan hikmat
Mengakui otoritas Tuhan
Kerendahan hati mendahului kehormatan
Dunia memuliakan mereka yang lantang
Memuji yang menonjolkan diri
Mata mereka mengejar kehormatan
Menghalalkan segala cara
Firman Tuhan mengajarkan yang berbeda
Kerendahan hati mendahului kehormatan
Tuhan memandang tinggi yang rendah hati
Bukan yang meninggikan diri
Kerendahan hati
Hati yang bergantung pada Tuhan
Bukan minder atau lemah
Menyadari siapa kita di hadapan Tuhan
Segala hal yang baik datang dari Dia
Tahu bahwa keberhasilan bukan karena dirinya
Semua karena anugerah Tuhan
Mengenal posisinya sebagai anak Tuhan
Seperti Musa
Memimpin jutaan orang Israel
Keluar dari Mesir ke Kanaan
Ialah orang yang paling lemah lembut di bumi

Kerendahan hati
Membuka pintu bagi hikmat
Keangkuhan itu menyesatkan
Mengundang cemooh
Hikmat yang sejati
Ditemukan pada orang yang rendah hati
Mau diajar
Mau ditegur
Tidak merasa dirinya selalu benar
Mereka menjadi bijaksana
Orang yang sombong
Jatuh karena menolak nasihat
Kerendahan hati
Jalan menuju kehormatan sejati
Barangsiapa meninggikan diri
Ia akan direndahkan
Barangsiapa merendahkan diri
Ia akan ditinggikan
Inilah ajaran Yesus
Kebenaran yang kekal
Tuhan meninggikan orang yang rendah hati
Tunggulah waktu Tuhan
Seperti Yusuf
Dihina dan dijual sebagai budak
Tetapi hatinya setia
Senantiasa rendah hati
Akhirnya diangkat oleh Tuhan
Orang kedua setelah Firaun
Belajarlah hidup dalam kerendahan hati
Jangan kejar kehormatan duniawi
Kemuliaan mereka semu
Tuhan akan merendahkan mereka

Carilah hati yang berkenan di hadapan Tuhan
Waktu yang mulia akan tiba
Tuhanlah yang akan meninggikan
Dia akan memberi mahkota kehidupan
Rendahkan hati dalam doa
Belajar dari orang lain
Berikan pujian kepada Tuhan
Bukan ambil kemuliaan untuk diri sendiri
Layanilah Tuhan dengan sukacita
Tanpa ingin dilihat orang
Singkirkan keangkuhan dari hati
Jadi pribadi yang berkenan di hadapan-Nya

Jumat Agung

Akulah harinya Tuhan
Diperingati kau umat Kristen
Jumat Agung
Kematian Yesus di kayu salib
Kenanglah pengorbanan Yesus
Dia mati untuk semua orang
Kamu dipilih untuk diselamatkan
Yesus telah menebus dosamu
Tangan dan kaki-Nya terpaku
Lambung tertikam
Mahkota duri di kepala-Nya
Disiksa dan dihina
Dicambuk oleh ciptaan-Nya
Dia mati bagi dosa-dosamu
Rela berkorban demi manusia
Sungguh besar kasih setia-Nya
Ingatlah aku dalam hidupmu
Kuingatkan kau tentang Yesus
Darah yang tercurah
Darah Anak Domba
Kasih Allah yang begitu besar
Menyelamatkan umat manusia
Bersekutulah dalamku
Kenalilah penderitaan-Nya
Aku membawa pengharapan

Kematian Yesus membuka jalan
Kebangkitan dan kehidupan kekal
Yesuslah jalan menuju Bapa
Ibadah Jumat Agung
Rayakan aku setiap tahun
Hargai pengorbanan Tuhan
Muliakan nama-Nya selalu

Kuakui semua dosaku

Semua orang telah berdosa
Aku pun telah mendukakan Tuhan
Ampuni aku ya Tuhan
Kuduskanku dengan darah-Mu
Kuakui semua dosaku
Kau adalah setia dan adil
Kau akan mengampuniku
Sucikan dari semua yang jahat
Murnikanlah hatiku
Perbaharui aku dengan Roh-Mu
Jadikan aku berkenan bagi-Mu
Kudus seperti Allah Mahakudus
Aku telah berdosa
Melupakan firman Tuhan
Saat kekhawatiran menyerangku
Aku mengandalkan kekuatanku sendiri
Kuakui semua dosaku
Ampuni aku ya Tuhan
Seperti aku telah mengampuni sesamaku
Terpujilah nama Yesus selama-lamanya

Mujizat pasti terjadi

Sebab bagi Allah tidak ada yang mustahil
Tuhan dapat melakukan segala sesuatu
Mujizat pasti terjadi
Dia melampaui pikiran kita
Mujizat terjadi saat iman dinyatakan
Wanita yang sakit pendarahan
Ia percaya akan disembuhkan
Jubah Yesus dijamahnya
Bukan kekuatan manusia
Mujizat itu kuasa Tuhan
Dinyatakan karena iman yang aktif
Pengharapan yang teguh kepada Tuhan
Walau ada tembok yang menghalangi
Tuhan menunggu langkah iman kita
Percaya mujizat pasti terjadi
Tuhan sanggup lakukan segalanya
Keajaiban terjadi dalam waktu-Nya Tuhan
Lazarus mati selama 4 hari
Namun Yesus tidak terlambat
Selalu tepat waktu untuk kemuliaan Allah
Mujizat tidak selalu instan
Tapi Dia menjawab di waktu yang terbaik
Semua untuk memuliakan Tuhan
Kuasa-Nya melebihi akal kita
Pria yang buta sejak lahir

Disembuhkan bukan karena dosa
Tapi agar pekerjaan Allah dinyatakan
Dipakai untuk memegahkan Tuhan
Mujizat bukan sekadar untuk kenyamanan kita
Tapi agar nama-Nya dimuliakan
Agar orang lain mengenal kuasa-Nya
Biar mata dunia dibukakan
Jangan pernah menyerah
Walau semua jalan tertutup
Langit tidak pernah tertutup
Ada Tuhan bagi doa orang percaya
Percaya mujizat pasti terjadi
Sesuai dengan kasih Tuhan
Rancangan keindahan Tuhan
Terpujilah Tuhan Penyembuh kita

Hari Paskah

Aku adalah hari ketiga
Hari Paskah
Hari kebangkitan Yesus Kristus
Hari kemenangan
Aku diciptakan untuk semua manusia
Ingatlah kubur kosong itu
Bukti Dia hidup
Ada hari esok untukmu
Yesus telah bangkit
Dia mengalahkan dunia
Percayalah kepada-Nya
Kemenangan tersedia untukmu
Bersukacitalah dalamku
Rayakan aku setiap waktu
Dosa telah ditaklukkan
Kau telah dikuduskan
Terang Tuhan telah terbit
Mengalir melalui aku
Kuserukan kebangkitan Kristus
Dengarlah sorak kemenanganku
Akulah Hari Paskah
Harapan akan kehidupan kekal
Semua yang percaya diselamatkan
Imanmu menyelematkanmu

Roh Allah bangkitkanku

Yesuslah kekuatan dan mazmurku
Saat aku lemah
Saat aku meratap
Dia hadir di sini
Roh Allah bangkitkanku
Beriku buah Roh sukacita
Aku jadi kuat hari ini
Hidupku di tangan-Nya
Kuserahkan jiwa dan ragaku
Aku semakin berkurang
Yesus semakin bertambah
Kemuliaan-Nya di dalamku
Matikan dagingku
Kabur dari hawa nafsu
Jauhkan keserakahan
Tak mau hidup bagi dunia
Roh Allah bangkitkanku
Mataku terbuka
Hariku terasa segar dan indah
Air surga mengalir di dalamku

Firman Tuhan penting sekali

Firman adalah nafas Allah
Berasal langsung dari Tuhan
Hidup dan berkuasa
Firman Tuhan penting sekali
Janji-Nya adalah kompas hidup
Memberi arah
Terang dalam kegelapan dunia
Menuntun pada kebenaran
Ucapan Allah mengubahkan hidup
Mengajar
Menegur
Membentuk
Firman Tuhan penting sekali
Senjata rohani orang percaya
Pedang Roh
Hancurkan tipu daya dan kegelapan
Hidup kosong tanpa Firman
Tersesat di dunia
Firman membuatmu berjalan dalam terang
Melangkah dalam ketaatan pada Tuhan
Beri waktu khusus setiap hari
Membaca Firman Tuhan
Renungkan siang dan malam
Taruhlah mazmur pada mulutmu
Perkataan Tuhan berkuasa

Mengubahkan pikiran manusia
Kebenaran yang memerdekakan
Tak lagi hidup dalam dosa
Saat menghadapi pergumulan
Ingatlah janji-Nya
Saat pencobaan datang
Serukan Firman-Nya
Firman Tuhan penting sekali
Fondasi rumah tanggamu
Memberkati keluar masukmu
Menyertaimu sampai akhir zaman

Kitab Taurat yang ditemukan

Pengajaran ada dalamku
Akulah hukum Taurat
Ditulis oleh Nabi Musa
Fondasi kebenaran bangsa Israel
Tapi manusia melupakan aku
Terhilang entah di mana
Mengapa kau tak mencariku?
Hai, umat manusia!
Akulah Kitab yang hidup
Kejadian tentang penciptaan Israel
Keluaran tentang pembebasan
Imamat tentang kekudusan
Bilangan
Setiap jiwa berharga
Ulangan
Belajar dari masa lalu
Kau mengabaikan rumah Tuhan
Menyimpang dari ibadah yang benar
Lupakah kau akan Tuhan Allahmu?
Dialah yang mengeluarkanmu dari Mesir
Untungnya raja Yosia berbeda
Ia memerintahkan perbaikan rumahku
Bait Tuhan direnovasi
Di situ imam besar Hilkia menemukanku
Kitab Taurat yang ditemukan

Hilkia membawaku pada raja Yosia
Bacakan kebenaranku
Dia terharu mendengarku
Ia mengoyakkan pakaiannya
Tanda pertobatan yang tulus
Pembaruan besar-besaran
Sebuah revolusi iman
Menyingkirkan berhala
Perjanjian baru dengan Tuhan
Umat kembali menaati firman Tuhan
Semua karena aku didengarnya
Sejarah kehidupanmu
Pelajaran hidup yang sejati
Riwayat nenek moyangmu dalamku
Renungkanlah aku siang dan malam
Kitab Taurat yang ditemukan
Titik balik besar dalam sejarah Israel
Kuasa firman Tuhan dalamku
Mengubahkan hati suatu bangsa

Yesus semakin bertambah

Curahkan kuasa Roh Kudus-Mu
Engkaulah Tuhan Allahku
Hapus semua pelanggaranku
Tolong matikan kedaginganku
Biar aku semakin berkurang
Yesus semakin bertambah
Kurangi kemuliaanku
Tambahkan kemuliaan-Mu
Bebaskanku dari dosa
Penuhi aku dengan kebenaran
Firman-Mu jadi terangku
Berkat bagi keluargaku
Ajari aku selalu rendah hati
Ingin ku bermegah di dalam Tuhan
Kuasa-Mu sempurna dalam kelemahanku
Mujizat-Mu dinyatakan melalui aku
Yesus semakin bertambah
Aku semakin berkurang
Datanglah kerajaan-Mu
Hapuskan yang fana di hidupku

Mintalah pada Tuhan

Mintalah
Maka akan diberikan kepadamu
Carilah
Maka kamu akan mendapat
Ketoklah
Maka pintu akan dibukakan bagimu
Mintalah pada Tuhan
Dia Bapa yang memberkati anak-Nya
Jangan takut untuk meminta
Takut ditolak
Takut dianggap merepotkan
Merasa tidak layak
Tuhan adalah Bapa yang penuh kasih
Mengundang kita untuk datang kepada-Nya
Memohon bantuan-Nya
Itulah kehendak Tuhan Allahmu
Tuhan menyuruh kita untuk meminta
Bukan sekadar izin
Inilah perintah kasih Bapa
Ia tahu kita lemah
Dia mengerti kebutuhan kita
Rindu menjadi segalanya dalam hidup kita
Jangan andalkan diri sendiri
Andalkanlah Tuhan mulai sekarang
Percayalah kepada Tuhan

Beriman dengan segenap hatimu
Jangan bersandar kepada pengertianmu sendiri
Dia melampaui segala akal
Mintalah hikmat sebelum bertindak
Mintalah kekuatan sebelum menyerah Mintalah damai sebelum cemas menguasai
Mintalah pada Tuhan
Tuhan memberi yang terbaik
Waktu Tuhan pasti yang terbaik
Tak pernah terlambat
Pasti janji-Nya digenapi
Kadang jawabannya "ya"
Kadang "tunggu"
Kadang "tidak"
Ia melihat lebih jauh dari kita
Jangan ragu untuk datang pada Tuhan
Mintalah dengan iman
Bukan dengan keraguan
Percaya mujizat terjadi
Seperti anak yang tahu kasih ayahnya
Kenalilah isi hati Bapa
Menjadi anak Allah
Kita adalah ahli waris kerajaan surga
Tuhan tidak pernah terlalu sibuk
Tak terlalu jauh
Tidak terlalu lelah
Selalu mendengarkanmu setiap saat
Dia hanya menunggu kita datang
Berdoalah sekarang
Serahkan setiap permintaan pribadi kita
Dia ingin menang bersama kita

Ketapel Daud

Aku hanyalah senjata sederhana
Namun sangat terkenal dalam kisah Alkitab
Akulah ketapel Daud
Dipakai Allah dalam kemuliaan
Pertempuran antara Daud dan Goliat
Aku bukan senjata besar
Tidak mewah di mata manusia
Hanya alat dari kulit atau tali
Batu-batu sungai dalamku
Tangan Daud memegangku
Senjata iman
Keberanian seorang pahlawan
Aku sederhana tapi efektif
Bukan pedang atau tombak
Tapi Daud memakaiku dengan percaya diri
Karena dia tahu Tuhan menyertainya
Akulah simbol iman
Tuhan telah melepaskan Daud dari bahaya
Cakar singa dan beruang dihempaskan
Dia juga melepaskan Daud dari tangan orang Filistin
Aku melawan raksasa hidup
Masalah besar kukalahkan
Raksasa itu bisa jatuh
Hanya perlu percaya
Tidak perlu alat hebat

Tuhan bisa pakai apa saja
Seperti aku, ketapel Daud
Urapan-Nya kalahkan maut
Melangkahlah dengan iman
Kemenangan bukan tergantung alat
Siapa yang menyertaimu lebih penting
Tuhanlah kekuatan dan mazmurmu

Inilah pilihanku

Mengikut Yesus setiap hari
Kucari wajah Tuhan
Firman-Nya kubaca pagi ini
Jadi pedoman hidup
Inilah pilihanku
Memikul salib Kristus
Menyalibkan dagingku
Kumau hidup dalam Roh
Kulepas semua hakku
Biar kukenal kehendak Bapa
Visi misi-Nya atas hidupku
Jadikanku alat kemuliaan Allah
Menyembah Dia dalam Roh dan kebenaran
Seluruh hidupku milik Yesus
Dialah kekuatan jiwaku
Aku mau percaya kepada-Nya
Inilah pilihanku
Kupersembahkan hidupku kepada-Nya
Jadikanku hamba yang berkenan
Selalu taat pada Bapa

Akuilah Dia dalam segala lakumu

Dunia penuh keputusan cepat
Keinginan pribadi
Tantangan hidup
Membuat kita mengandalkan diri sendiri
Firman Tuhan mengajarkan hal yang radikal
Libatkan Tuhan dalam setiap langkah
Akuilah Dia dalam segala lakumu
Maka Ia akan meluruskan jalanmu
Bukan hanya mengenal nama-Nya
Tempatkan Dia sebagai pusat keputusan
Sumber hikmat
Penuntun hidup
Tuhan lebih tahu kebutuhan kita
Percayalah kepada-Nya
Bukan hanya saat gagal atau terluka
Tapi melibatkan Tuhan setiap waktu
Saat kerja
Studi
Pelayanan
Pacaran
Bisnis untuk Tuhan
Hobi yang kudus
Tuhan mau dilibatkan
Ia tak mau disisihkan
Akuilah Dia dalam segala lakumu

Janji Tuhan akan meluruskan jalanmu
Bukan jalan bebas hambatan
Tapi jalan yang benar
Walau tidak mudah
Tidak selalu nyaman
Tapi pasti aman
Setiap langkah pasti bermakna
Hidup yang diarahkan oleh Tuhan
Tidak akan sia-sia
Rencana Tuhan yang terbaik
Damai sejahtera menantimu
Apa kau berjalan sendiri?
Berjalanlah serta Kristus
Mulai dari hal-hal sederhana
Setiap hari ingat nama-Nya
Doa sebelum memutuskan
Minta hikmat saat bingung
Bersyukur dalam segala hal
Senangkan hati Bapa
Mengakui Tuhan dalam setiap langkah kita
Bergantung pada Roh Kudus-Nya
Percaya dan taat selalu
Jalan lurus menuju kemuliaan

Ucapan syukur

Yesus menaikkan aku
Aku sang ucapan syukur
Berkat terjadi saat aku hadir
Lima ribu orang dikenyangkan
Lima roti
Dua ikan
Dipecah-dipecah untuk ribuan manusia
Tersisa dua belas bakul
Ada mujizat dalamku
Carilah aku setiap hari
Aku mengarahkanmu pada Tuhan
Kuukir jalan kebahagiaan untukmu
Kuberi buah Roh sukacita
Kekuatan Tuhan dalamku
Lebih dari kenikmatan dunia
Kuasa surga membahagiakanmu
Akulah ucapan syukur
Membuatmu selalu tertawa
Setiap hari memuji Tuhan
Bersorak-sorai sebab Dia baik

Kukatakan pada diriku

Lelah aku disakiti manusia
Salah apa terhadap mereka?
Aku menyalahkan diriku sendiri
Walau mereka yang jahat padaku
Kukatakan pada diriku
"Aku kurang baik
Aku belum cukup
Berdosakah aku mencintai?"
Tuhan mendengar keluhanku
Saat kekhawatiran menghimpit diriku
Penghiburan-Mu menyegarkan jiwa
Kau berkata "Aku cukup bagimu"
Kukatakan pada diriku
"Tuhan cukup bagiku
Aku diangkat jadi anak-Nya
Kasih-Nya menyertaiku"
Tuhan yang bela aku
Ia tak menuduh aku yang tak bersalah
Kebenaran-Nya teguhkan imanku
Yakinkan Yesus yang terbaik untukku

Sia-sia hidup lama

Banyak orang salah berpikir
Umur panjang dianggap berkat terbesar
Tapi hidup lama tak selalu berguna
Belajarlah dari raja Hizkia
Hidup yang diperpanjang tak selalu baik
Sia-sia hidup lama
Tidak disertai ketaatan
Tak ada kerendahan hati
Hizkia memohon tambahan umur
Ia sakit parah
Berdoa dan menangis
Meminta Tuhan sembuhkan dia
Tuhan mengabulkan
Menambah 15 tahun masa hidupnya
Tuhan penuh belas kasihan mendengarnya
Tapi sisa waktu Hizkia terbuang
Tidak salah meminta umur panjang
Asal melakukan yang benar
Memanfaatkan waktu yang diberikan Tuhan
Sia-sia hidup lama bila terus berdosa
Tahun-tahun tambahan yang disia-siakan
Tidak digunakan untuk kemuliaan Tuhan
Hizkia menjadi sombong
Ia memamerkan harta kepada utusan Babel
Inilah awal kejatuhan Yehuda

Ia juga memperlihatkan sikap egois
Ucapannya tercatat di Alkitab
"Asal ada damai pada masaku"
Masa tambahan yang Tuhan beri
Menjadi kehancuran bagi diri
Merusak generasi selanjutnya
Sia-sia hidup lama
Umur panjang bukan jaminan hidup berkualitas
Hiduplah yang benar
Menghormati Tuhan sampai akhir
Selama-lamanya setia mencintai Tuhan
Keegoisan di akhir hidup
Membatalkan warisan rohani
Walau telah dibangun bertahun-tahun
Satu kesalahan bisa merusak segalanya
Lebih baik hidup pendek
Asal penuh arti dan taat kepada Tuhan
Percuma hidup lama bila angkuh
Tinggi hati mendahului kehancuran
Jangan hanya meminta tambahan waktu
Mintalah tujuan yang jelas
Visi misi dari Allah Bapa
Biar hidup taat setiap hari

Rumah Bapa di surga

Kau selalu merindukan aku
Rumah Bapa di surga
Tempat kediaman yang terbaik
Diciptakan Allah untuk anak-anak-Nya
Aku menantimu pulang
Jangan kau pergi ke neraka
Aku tercipta untukmu
Jadi tempat peristirahatan
Hanya perlu percaya pada Yesus
Mengakui Dia sebagai Allah Penyelamat
Maka aku akan memberkatimu
Sukacita kekal yang tak tergantikan
Akulah rumah Bapa di surga
Di mana hadirat Tuhan terasa lekat
Tak ada dosa yang memisahkan
Selamanya bersekutu dengan Tuhan
Tak lagi menderita
Air mata kuganti jadi tarian
Senyumanmu abadi dalamku
Sebab akulah janji Tuhan untukmu

Aku butuh tuntunan-Mu

Tak mampu melangkah sendirian
Aku tersesat tanpa Tuhan
Bila Tuhan tak menyertaiku
Hanya kegelapan yang menantiku
Aku butuh tuntunan-Mu
Penuhi aku dengan Roh Kudus-Mu
Bisikkanlah suara hati Bapa
Biar aku melakukan kehendak-Mu
Janganlah jauh dariku
Sia-sia hidupku tanpa-Mu
Kemanakah aku dapat pergi?
Hanya Kau yang dapat bukakan jalan
Kurenungkan firman-Mu
Suara-Mu bergema melalui Alkitab
Mendidikku setiap hari
Hidup taat kepada Allah
Aku butuh tuntunan-Mu
Terang bagi jalanku
Kemuliaan dalam jalan Tuhan
Aku percaya nasihat-Mu yang terbaik untukku

Belilah hikmat

Perolehlah hikmat dari Allah
Dimulai dari takut akan Tuhan
Dengan segala yang kau miliki
Perolehlah pengertian
Setiap orang mau hidup yang sukses
Tetapi banyak yang mengejar hal-hal duniawi
Uang dan status
Kekuasaan dunia itu sementara
Alkitab berkata pada kita
Belilah hikmat
Ia lebih berharga daripada emas atau perak
Ia menuntun hidup kita kepada jalan Tuhan
Hikmat bukan sekadar pengetahuan Pengetahuan tahu bahwa api itu panas
Tapi hikmat menghindari terbakar
Gunakan pengetahuan sesuai dengan kehendak Tuhan
Belilah hikmat
Ia tidak datang secara otomatis
Ada harga yang harus dibayar
Harus didapat dengan sengaja
Sediakan waktu untuk baca Firman Tuhan
Kerendahan hati untuk belajar
Ketaatan dalam hidup sehari-hari
Mengorbankan ego dan kesombongan
Hikmat sejati hanya berasal dari Tuhan

Hidup takut akan Tuhan
Menghormati kehendak Bapa
Tunduk pada otoritas-Nya
Berjalan dalam hikmat sejati
Hikmat melindungi kita
Membimbing dalam keputusan sehari-hari
Memuliakan hidup kita sampai kekekalan
Ia memberi damai dalam keseharian
Keteguhan dalam pencobaan
Kehormatan dari Tuhan dan manusia
Berkomitmenlah untuk mengejar hikmat
Tuhan memanggil kita
Beli hikmat bukan dengan uang
Miliki hati yang mau belajar
Mau diubahkan untuk hidup kudus
Jangan puas hanya jadi orang pintar
Jadilah orang berhikmat
Mintalah pada Tuhan hati yang bijaksana
Membedakan yang baik dan yang jahat

Kesembuhan ilahi

Tuhan telah menciptakan aku
Akulah kesembuhan ilahi
Memulihkan manusia yang terluka
Imanmu mengundangku hadir
Tuhan dekat pada orang yang remuk hatinya
Dia menyelamatkan mereka yang hancur hati
Aku diberikan cuma-cuma pada mereka
Hanya perlu iman sebesar biji sesawi
Aku mengusir rasa takut
Ada damai sejahtera dalamku
Kekuatan Tuhan menyertaiku
Menuntunmu hidup kudus selalu
Kesembuhan ilahi tersedia untukmu
Kamu hanya perlu percaya
Penderitaanmu akan terasa ringan
Aku mengingatkanmu tentang Tuhan
Akulah janji Tuhan bagi umat-Nya
Bebaskanmu dari belenggu dosa
Segala kutuk kuhancurkan
Berkat melimpah mengalir dalamku

Aku berjalan dalam visi

Dunia tak berikan tujuan hidup
Hanya kenikmatan sementara
Tuhan yang beri makna kekal
Hidupku takkan sia-sia
Dia beri mimpi dan penglihatan
Aku berjalan dalam visi
Seluruh nafasku memuliakan-Nya
Hidup melakukan kehendak Bapa
Allah beriku misi mulia
Menceritakan kebaikan-Nya melalui aku
Karya seni kutulis indah
Memberitakan keindahan Tuhan
Setiap langkahku terstruktur jelas
Disiplin hidup dalam Roh
Tak mengejar harta fana
Harta surga kukumpulkan setiap hari
Aku berjalan dalam visi
Mataku tertuju pada rencana-Nya
Firman-Nya jadi pedoman hidupku
Hidupku jadi saksi kebesaran Tuhan

Jadilah pembawa damai

Berbahagialah orang yang membawa damai
Karena mereka akan disebut anak-anak Allah
Damai adalah kehendak Bapa
Buah Roh dalam hidup kita
Dunia ini penuh konflik
Di rumah
Sekolah
Tempat kerja
Hati kita sendiri penuh peperangan
Yesus tidak mau kita menambah api
Ia mau kita beritakan kebaikan
Jadilah pembawa damai
Damai adalah refleksi dari hati Allah
Tuhan sendiri adalah sumber damai
Ketika kita menjadi pembawa damai
Kita sedang mencerminkan karakter-Nya
Damai bukan sekadar tidak ada konflik
Aktif menjembatani perbedaan
Mengampuni yang bersalah
Menciptakan hubungan yang sehat
Ini bukan kelemahan
Damai adalah kekuatan rohani
Menjadi terang di tengah dunia yang retak
Jadilah pembawa damai
Dunia perlu kita berdiri di tengah badai

Menyalurkan kasih serta pengertian
Seperti Yesus yang meredakan angin ribut
Kita dipanggil untuk meredakan ketegangan
Bawalah damai dalam perkataanmu
Pilihanmu dan doamu
Di situlah kita bisa disebut anak-anak Allah
Menjadi berkat bagi sesama manusia

Persembahan materi

Aku dipercayakan pada gereja
Panggil aku persembahan materi
Digunakan untuk ladang misi Tuhan
Membangun gereja di seluruh penjuru bangsa
Umat Tuhan menyerukanku setiap minggu
Setia memberi demi kerajaan sorga
Menggenapi rencana Tuhan yang mulia
Janji Tuhan pada anak-anak-Nya
Uang yang diberikan dengan tulus
Tak ada unsur kepaksaan
Jadi berkat bagi sesama manusia
Menolong mereka yang membutuhkan
Akulah persembahan materi
Mencukupkan kebutuhan gereja
Mengerjakan visi misi Allah Bapa
Memberitakan kebaikan-Nya setiap saat

Kuduskanku

Aku hanyalah manusia berdosa
Tak layak hidup bersama Tuhan
Sebab Kau Allah Mahakudus
Terlalu baik Engkau bagiku
Kuduskanku
Murnikan hatiku seperti-Mu
Hapuskan segala dosaku
Biar jadi suci seperti Engkau Tuhan
Baharui aku dengan Roh-Mu
Seperti tanah liat dipahat indah
Bentuk aku sesuai kehendak-Mu
Biar aku bersinar seperti Engkau
Berikan aku hati yang baru
Hati yang taat kepada Bapa
Setia merenungkan firman-Nya
Melakukan kehendak-Nya siang dan malam
Kuduskanku
Biar aku kudus seperti Kau yang kudus
Bebaskanku dari kebodohan dunia
Aku mau berjalan bersama-Mu Tuhan

Kata manis bagaikan madu

Perkataan yang menyenangkan
Sarang madu yang menyehatkan
Manis bagi hati
Obat bagi tulang
Dunia penuh dengan kata-kata kasar
Caci maki jadi bahasa sehari-hari
Tak pantas ditiru
Merusak pikiran kita
Alkitab mengajarkan pentingnya perkataan
Kata manis bagai madu
Membangun sesama dalam kasih
Sumber berkat bagi orang lain
Kata manis memberi kehidupan
Kata yang penuh kasih
Menguatkan orang yang putus asa
Menyalurkan sukacita surga
Seperti madu menguatkan tubuh
Kata manis menguatkan jiwa
Menyembuhkan luka
Kelemahlembutan menjadi obat batin
Mencerminkan hati yang dipenuhi Tuhan
Mulut berbicara dari kelimpahan hati
Orang yang dekat dengan Tuhan
Mencerminkan kasih-Nya melalui perkataan
Jadilah orang yang mulutnya baik

Penuh kata-kata manis seperti madu
Menghidupkan
Menyembuhkan
Terang bagi semua orang
Mengusir kepahitan
Menyegarkan jiwa
Membawa perubahan yang sejati

Darah Anak Domba

Aku dicurahkan untukmu
Menebus dosa manusia
Akulah darah Anak Domba
Mengubah seluruh hidupmu
Kuhapus semua dosamu
Memberi kehidupan pada manusia
Barangsiapa bersekutu dalamku
Hati nuraninya akan kubersihkan
Ingatlah karyaku selalu
Selama jantungmu berdetak
Tulis aku di lubuk hatimu
Biar kau bersukacita dalam Tuhan
Air merah yang mengalir
Lambang penderitaan manusia
Beban dosa yang kupikul
Semua hanya karena kasih Kristus
Darah Anak Domba telah tercurah
Bebaskanmu dari belenggu dosa
Keselamatan menantimu selalu
Kamu hanya perlu percaya

Hidup selama-lamanya

Renungkanlah hidup yang kekal
Sebuah janji yang diberikan Tuhan kepada kita
Sukacita yang tak berakhir
Hidup selama-lamanya
Kebahagiaan dunia menjebak kita
Kekayaan yang hanya sementara
Kesenangan yang fana
Kemuliaan yang berlalu
Tuhan menawarkan sesuatu yang lebih besar
Hidup yang tidak akan pernah berakhir
Penuh dengan damai
Sukacita yang abadi
Begitu besar kasih Allah akan dunia ini
Ia telah mengaruniakan Anak-Nya yang tunggal
Semua yang percaya kepada-Nya tidak binasa
Beroleh hidup yang kekal
Bukan sekadar hidup di dunia ini
Tetapi kehidupan yang tak terhingga
Bersama Tuhan di sorga
Itulah tujuan hidup kita
Hidup kekal dalam Yesus Kristus
Lebih dari hidup yang panjang
Penuh dengan kehadiran Tuhan
Tidak dipengaruhi oleh penderitaan
Yesuslah satu-satunya jalan

Kebenaran
Hidup
Kebangkitan
Terimalah Yesus dalam hidup kita
Berkat yang tidak akan pernah berakhir
Maut tidak akan lagi menguasai kita
Dia telah mengalahkan kematian
Hidup kekal membawa perubahan
Tak hanya menunggu kehidupan setelah kematian
Tetapi juga bagaimana kita hidup hari ini
Mengerti bahwa hidup ini sementara
Kita dipanggil untuk hidup dalam kebenaran
Hidup dengan kasih
Berbagi dengan sesama
Melayani Tuhan dengan sepenuh hati
Menghadapi kematian dengan pengharapan
Kematian bukan akhir yang menakutkan
Kita percaya kepada Yesus
Langkah menuju hidup yang kekal
Hai maut
Dimanakah kemenanganmu?
Hai maut
Dimanakah sengatmu?
Kematian telah ditelan dalam kemenangan
Tidak perlu takut menghadapi kematian
Hidup kekal bersama Tuhan menanti kita
Hidup selama-lamanya
Anugerah terbesar yang diberikan Tuhan
Marilah hidup dengan pengharapan
Percayakan hidup sepenuhnya kepada Tuhan
Mengikuti teladan Yesus Kristus
Kita tidak hidup hanya untuk dunia ini

Tetapi untuk kerajaan Allah yang kekal
Kenyataan bagi setiap orang yang percaya
Terpujilah Tuhan yang mengasihi kita

Kubuka hatiku

Hatiku terbentuk keras
Ternodai oleh dunia
Tapi aku ingat Tuhan itu kudus
Kau bisa sucikanku
Kubuka hatiku
Jamahlah aku dengan Roh-Mu
Baharui pikiranku
Biar firman-Mu berkuasa dalamku
Dulu hatiku tertutup
Dikecewakan oleh manusia
Tapi aku sekarang mengenal-Mu
Aku yakin Kau bisa ubahkanku
Jadikan aku indah
Kudus seperti Engkau Tuhan
Bentuk aku dengan kasih-Mu
Berikan aku hikmat-Mu
Kubuka hatiku
Biar Kau penuhi dengan sukacita
Kekuatan surga penuhi jiwaku
Tinggal tenteram aku bersama-Mu

Kamar doa

Kau datang padaku setiap pagi
Mencari wajah Tuhan
Temukan kasih-Nya dalamku
Kasih setia-Nya yang selalu baru
Akulah kamar doa
Dimana kau bertemu Tuhan
Tempat persembunyianmu
Hatimu terbuka di mata Tuhan
Tak ada yang kau sembunyikan
Kau curahkan seluruh perasaanmu
Berseru kepada Tuhan
Berbicara muka dengan muka
Suara-Nya kau dengarkan
Iman yang timbul dari firman Tuhan
Tanganmu memegang Alkitab itu
Jadi pedoman hidup
Mujizat dalam kamar doa
Semakin dekat dengan Tuhan
Visi misimu ditegakkan
Hidup seturut kehendak Allah Bapa

Berikan aku jawaban

Oh Tuhan
Kau mengenal isi hatiku
Suara doaku Kau dengar
Tapi aku belum mendengar-Mu
Di mana solusi masalahku?
Berikan aku jawaban
Jangan berpaling dariku
Aku butuh hikmat-Mu
Nasihatilah aku
Kuduskanku dengan firman-Mu
Baharui pikiranku setiap hari
Biar selalu mengandalkan kekuatan-Mu
Kau tahu semua perkaraku
Tak ada yang kusembunyikan
Kuserahkan semuanya kepada-Mu
Aku mau percaya pada-Mu
Berikan aku jawaban
Yakinkan bahwa Kau cukup bagiku
Nyatakan kemuliaan-Mu
Kusembah Kau jawaban hidupku

Hidup dalam berkat

Hidup penuh dengan tantangan
Namun Tuhan menyediakan berkat
Selalu ada dalam setiap langkah kita
Tuhan janji selalu menyertai
Meskipun dunia ini penuh kesulitan
Kita dapat hidup dalam berkat
Kedamaian yang melampaui segala akal
Sukacita Tuhan jadi kekuatan
Jangan khawatir tentang hari esok
Hari esok akan memikirkan dirinya sendiri
Tuhan mengajarkan kita kebenaran
Tidak perlu khawatir tentang masa depan
Berkat-Nya bukan hanya materi
Buah Roh Ia berikan
Jadi mampu menghadapi setiap hari
Sebab kita mengandalkan Tuhan
Lihatlah Abraham dan Daud
Mereka menghadapi tantangan besar
Namun tetap diberkati Tuhan
Tuhan beri mereka kekuatan untuk menang
Belajar percayakan hidup kita pada Tuhan
Setiap hari adalah pemberian-Nya
Hidup dalam berkat
Tak kekurangan suatu apapun
Dia bersama kita sampai akhir zaman

Menghadapi apapun yang datang
Berserah sepenuhnya kepada-Nya
Naikkan pujian syukur pada Tuhan

Teguran nyata

Kau tak sukai aku
Terasa panas di telinga
Tapi aku berasal dari Tuhan
Dia memanggilku 'teguran nyata'
Aku bekerja demi kebaikanmu
Tak ingin kau tersesat
Jangan abaikan bentuk kasihku
Kebahagiaanmu adalah kehendakku
Tercipta dalam berbagai macam bentuk
Lewat firman Tuhan
Kadang perkataan manusia
Atau konten di ponselmu
Teriakanku ada dimana-mana
Hati nuranimu serukan aku
Teguran nyata yang benar
Menuntunmu pada kemuliaan
Lebih baik dari kasih yang tersembunyi
Aku mengubahkan hidup manusia
Meluruskan yang bengkok
Jadikanmu indah bagi Tuhan

Hidupku dipulihkan

Dunia memberi luka
Tak sanggup menyembuhkanku
Kejahatan menyelimuti bumi
Dosa menjadi biasa
Dulu aku terbawa arus
Dirusak oleh masyarakat
Tapi kini Yesus jamah aku
Hidupku dipulihkan
Kepahitan penuhi aku
Tinggal dalam kebencian
Setiap hari menghujat kebenaran
Namun Tuhan datang kepadaku
Terang kasih-Nya ubahkanku
Jadikan aku manusia baru
Kulepas segala bebanku
Kasih Yesus bebaskanku
Aku tenang bersama Bapa
Firman-Nya tuntun langkahku
Hidupku dipulihkan
Aku bersyukur kepada Yesus Penyelamatku

Tuhan masih bekerja

Tuhan akan berperang untuk kamu
Kamu hanya perlu diam saja
Percaya sepenuhnya kepada Dia
Janji kemenangan tersedia
Saat kita tidak tahu harus berbuat apa
Doa belum dijawab
Jalan keluar belum terlihat
Tinggallah diam dalam hadirat Tuhan
Tuhan masih bekerja
Diam bukan berarti menyerah
Berserah penuh kepada Tuhan
Dia sanggup beri mujizat
Saat bangsa Israel terjepit di Laut Merah
Ia memerintahkan mereka untuk tidak panik
Hanya perlu percaya
Tuhan tidak pernah berhenti bekerja
Meskipun tidak melihat hasilnya sekarang
Tuhan sedang membuka jalan
Walau belum terlihat
Percayalah Ia bekerja untuk kebaikan kita
Seperti laut yang terbelah
Tuhan bekerja secara ajaib
Iman juga diuji saat tidak ada tindakan
Apakah kita tetap percaya saat diam?
Di situlah iman kita terbukti

Saat merasa tidak bisa berbuat apa-apa
Ingatlah bahwa Tuhan masih bekerja
Di balik layar yang tak terlihat
Ia membuka jalan yang lebih besar
Rancangan damai sejahtera
Tuhan berperang untuk umat-Nya
Ketahuilah bahwa Dialah Allah yang setia

Kuasa terbesar

Aku milik Tuhan Yesus
Kuasa terbesar
Membentuk bumi dengan hikmat
Menyertai manusia yang percaya
Hai manusia
Tunduklah pada Yesus Kristus
Akuilah Dia dalam jalanmu
Maka aku akan menyertaimu
Akulah kekuatan Allah
Langit taat padaku
Laut jadi tenang teduh
Semua oleh perintah-Nya
Kubelah Laut Merah
Kalahkan Goliat
Api surga kuserukan
Hancurkan semua musuhmu
Sepuluh tulah olehku
Bahkan matahari sempat berhenti
Kubutakan orang fasik
Kaki mereka jadi gemetar
Kesembuhan mengalir
Mujizat terjadi
Penglihatan kuberikan
Pendengaran kau terima
Sadrakh

Mesakh
Abednego
Kulindungi mereka dari api
Hikmat ada padaku
Pengetahuan ilahi
Rahasia dunia tersingkap
Kutunjukkan mimpi dan penglihatan
Akulah kuasa terbesar
Tak ada yang lebih kuat dari aku
Lebih tinggi dari segalanya
Segala yang bernafas kuciptakan
Pujilah Tuhan Allahmu
Segala kuasa tunduk dalam nama-Nya
Kasih-Nya menyertai anak-anak-Nya
Maka kau akan memilikiku

Aku takkan gentar

Badai menerpa langkahku
Lembah kekelaman kulewati
Saat dinginnya dunia kuhadapi
Kuingat Tuhan besertaku
Aku takkan gentar
Tuhan Allahku bersamaku
Tongkat dan gada-Nya
Menghibur aku selalu
Segenap firman Tuhan
Menerangi setiap jalanku
Memberi kekuatan dalam jiwaku
Prinsip hidup yang kupegang
Yesuslah jawaban hidupku
Aku akan selalu menang
Takkan aku goyah
Sebab kasih-Nya menuntunku
Dia setia membimbingku
Kuasa-Nya dalam kelemahanku
Terlihat nyata mujizat Tuhan
Aku takkan gentar
Tuhan Yesus baik
Pribadi sempurna menemaniku
Beri aku kedamaian
Aku tinggal tenang di hadirat-Nya

Percaya saat tidak mengerti

Percayalah kepada Tuhan dengan segenap hatimu
Janganlah bersandar kepada pengertianmu sendiri
Akuilah Dia dalam segala lakumu
Maka Ia akan meluruskan jalanmu
Walau hidup membawa ke jalan yang tidak dimengerti
Penuh kabut
Tantangan
Kebingungan
Di saat seperti itulah iman sejati diuji
Mesti percaya saat tidak mengerti
Tuhan tidak pernah bingung
Tuhan tahu apa yang Ia lakukan
Dia adalah Allah yang berdaulat
Tidak pernah salah langkah
Tidak pernah lengah
Semua dalam kendali-Nya
Andalkan Tuhan
Jangan andalkan kekuatan diri sendiri
Logika kita terbatas
Tapi hikmat Tuhan tak terbatas
Kuasa-Nya sempurna
Kasih-Nya cukup
Janji-Nya digenapi
Firman-Nya menerangi
Jangan bersandar pada pengertian sendiri

Dunia bisa menipu
Hati bisa salah
Tapi Tuhan tidak pernah keliru
Pengakuan membawa arahan
Mengakui Tuhan dalam segala langkah
Segala sesuatu untuk Tuhan
Hidup dan mati bagi kemuliaan-Nya
Dalam keputusan
Pekerjaan
Relasi
Masa depan
Harus ada sikap hati yang berkata
"Tuhan, Engkau yang tahu jalan terbaik"
Dan janji-Nya?
Ia akan meluruskan jalanmu
Percaya saat tidak mengerti
Tugasmu bukan mengerti semuanya
Berserahlah pada Dia yang mengerti segalanya
Sebab Tuhan pegang kendali

Nubuatan Allah

Aku diucapkan nabi Tuhan
Kusingkapkan masa depanmu
Akulah nubuatan Allah
Tak ada yang tersembunyi dariku
Sejak awal aku tahu segalanya
Akhir zaman kuceritakan
Apapun yang akan terjadi
Semua sesuai ucapanku
Ketahuilah hati Tuhan
Kehendak Bapa dalamku
Sekalipun kau tak mengerti
Carilah hikmat Allah
Waktu Tuhan yang terbaik
Segala yang keluar dari mulutku
Pasti terjadi secara sempurna
Tak seiota pun akan gagal
Akulah nubuatan Allah
Pasti digenapi pada waktu-Nya
Kemuliaan Tuhan mengalir
Aku pancarkan rahasia sorga
Undanglah Roh Kudus hadir
Pakailah firman Tuhan
Maka kau akan mengerti maksudku
Kasih Yesus akan kau pahami

Kuandalkan kekuatan-Mu

Nabi Yeremia berkata
"Diberkatilah orang yang mengandalkan Tuhan
Terkutuklah orang yang mengandalkan kekuatan manusia"
Kurenungkan firman-Mu
Kekhawatiran kutanggalkan
Tak mau andalkan pengertianku
Kuandalkan kekuatan-Mu
Sebab Kau Tuhan Rajaku
Aku berdoa setiap hari
Mencari wajah Tuhan
Membaca Alkitab
Melakukan kehendak Bapa
Kuakui Engkau sebagai Allahku
Luruskanlah jalanku
Aku mau percaya kepada-Mu
Tak mau lupakan kebaikan-Mu
Jauhkan aku dari keangkuhan
Ingatkan aku akan kasih-Mu
Biar kuandalkan kekuatan-Mu
Berserah penuh kepada Penyelamatku
Ajari aku untuk rendah hati
Tak bermegah dalam diriku sendiri
Aku mau bermegah dalam Tuhan
Segala kemuliaan hanya bagi-Mu
Kuasa-Mu sempurna

Kekuatan-Mu jadi sandaranku
Kugenggam erat tangan-Mu
Aku ingin mengasihi-Mu selalu

Terbakar oleh api Tuhan

Janganlah hendaknya kerajinanmu kendor
Biarlah rohmu menyala-nyala
Layanilah Tuhan
Serahkan hidupmu kepada-Nya
Banyak orang Kristen menjadi suam-suam kuku
Mereka kehilangan semangat
Kehilangan api
Tuhan memanggil kita bukan untuk menjadi abu
Dia mau kita menjadi api yang menyala
Terbakar oleh api Tuhan
Api Tuhan menyucikan
Jadikan kita milik-Nya
Yesaya dipanggil
Tuhan menyentuh bibirnya dengan bara api
Api Tuhan menyucikan dosa kita
Tidak membakar kita dalam murka
Api Tuhan memberi semangat
Roh Kudus turun dalam rupa lidah api
Gereja mula-mula
Mereka dihidupkan oleh kuasa api ini
Jadi berani memberitakan Injil
Meskipun ada penganiayaan
Tetap setia jalani visi Allah
Sebab kita dipanggil jadi hamba yang kudus
Api Tuhan membakar dosa dunia

Elia berdoa
Api surga turun membakar korban
Mempermalukan berhala-berhala Baal
Api Tuhan tidak kompromi dengan dosa
Jangan biarkan api kita padam
Beri diri rela terbakar oleh api Tuhan
Menderita demi membakar rencana musuh
Bukan dengan api dunia
Gunakan api dari surga
Naikkan korban pujian
Hidup berkobar bagi Allah selama-lamanya

Iman sebesar biji sesawi

Aku muncul dalam ajaran Kristus
Iman sebesar biji sesawi
Mampu pindahkan gunung
Hanya perlu percaya
Aku lahir dari kebenaran Allah
Timbul dari pendengaran
Bacalah Alkitab setiap hari
Kau akan mendengar firman Tuhan
Dasar dari segala yang kau harapkan
Bukti dari segala yang tak kau lihat
Walau badai menerpa langkahmu
Kau bisa tenang sebab kau memilikiku
Percayalah pada Yesus Kristus
Doa orang benar bila yakin didoakan
Sangat besar kuasanya
Mujizat terjadi dalam nama Yesus
Carilah aku setiap hari
Iman sebesar biji sesawi
Sirami aku dengan firman Allah
Biar tumbuh memuliakan Tuhan
Kau akan berbuah lebat
Buah Roh kau hasilkan
Jadi berkat bagi sesama
Bukti kau adalah orang percaya
Berbuatlah sesuai aku yang kau pegang

Aku akan mati tanpa perbuatan
Buktikanlah aku dengan kasih
Beritakan aku dengan keyakinan
Orang percaya hidup denganku
Bukan dengan apa yang mereka lihat
Pikirkanlah perkara kerajaan surga
Cintailah Tuhan Allahmu
Percaya mujizat terjadi
Kuusir semua roh jahat
Kesembuhan mengalir dalammu
Keselamatan terjadi dalam nama Yesus
Tak ada nama lain yang menyelamatkan
Percayalah nama Yesus sang Juruselamat
Kau akan menjadi ahli waris kerajaan surga
Kuasa Allah dipercayakan padamu
Kau jadi seperti pohon zaitun
Kehidupan terpancar olehmu
Manusia melihat Allah padamu
Sebab kau punya iman yang memindahkan gunung
Pujilah Allah senantiasa
Dia yang memberiku kepadamu
Ingat kasih-Nya yang membebaskan
Kasih setia-Nya takkan pernah habis

Kurenungkan firman-Mu

Firman Tuhan ada di mana-mana
Selalu tersedia di ponselku
Alkitab fisik
Gereja dan komunitas rohani
Kudengar suara Allah
Kurenungkan firman-Mu
Perintah-Mu kupegang
Ketetapan-Mu kulakukan
Kebenaran sorga selalu berseru
Terdengar nyaring di radio
Terlihat nyata di televisi
Konten rohani di media sosial
Selalu ada cara untuk belajar
Setiap hari bertumbuh
Mengasihi Tuhan lebih lagi
Mengenali isi hati-Mu
Berikan aku hikmat-Mu
Ajari aku hidup kudus
Kurenungkan firman-Mu
Taat melakukan kehendak Bapa

Kemenangan dari Tuhan

Ada yang memegahkan kereta
Ada yang memegahkan kuda
Tetapi kita menyebut nama Tuhan
Percaya kemenangan dari Tuhan
Gemakan nyanyian perang
Serukan iman kita
Kemenangan sejati bukan dari manusia
Tetapi datang dari Tuhan
Berdoa sebagai landasan kemenangan
Bermazmurlah dengan berkat dan doa
Setiap langkah harus diawali dengan doa
Menyerahkan diri kepada Tuhan
Tak mengandalkan strategi semata
Tuhan yang memberi kemenangan
Kemenangan ada bagi yang diurapi-Nya
Iman kepada Allah menjadi senjata utama
Kepercayaan sejati bukan pada dunia
Uang
Status
Koneksi
Orang percaya bersandar pada nama Tuhan
Nama Tuhan adalah benteng yang kuat
Tempat perlindungan dan kekuatan kita
Gantungkanlah harapan hanya kepada Tuhan
Kemenangan dari Tuhan

Menang atas peperangan
Kesulitan ekonomi
Masalah keluarga
Menang bukan karena kita hebat
Tapi karena Tuhan di pihak kita
Hidup bukan dengan kekuatan sendiri
Berharap kepada Tuhan yang memberi kemenangan

Kemerdekaan sejati

Aku lahir dari kebenaran
Kemerdekaan sejati
Tak datang dari dunia
Akulah anugerah terindah dari Tuhan
Roh Kudus akan datang padamu
Dia singkapkan kebenaran
Kau akan mengenal Tuhan
Dan kebenaran akan memerdekakanmu
Di mana ada Roh Allah
Di situ ada kemerdekaan sejati
Bebaskanmu dari rantai dosa
Tak terikat oleh belenggu dunia
Sukacita mengalir dalam jiwamu
Aku membuatmu tertawa bahagia
Sorak kemenangan terdengar
Sebab aku telah bebaskanmu
Kulepaskan kekhawatiran
Beban dan letih lesumu kuangkat
Tuhan yang berimu kelegaan
Mulutmu penuh dengan puji-pujian

Latihlah kesabaranku

Hari demi hari aku lewati
Mengerjakan mimpi yang besar
Menabur benih di setiap langkah
Kusirami dengan ketekunan
Tapi mereka tak kunjung berbuah
Pertumbuhan yang terlalu pelan
Kapan Tuhan akan memberi hasil?
Latihlah kesabaranku
Murnikan hatiku ya Tuhan
Hapuskan keluhan dari mulutku
Ajari aku menunggu dengan sabar
Belajar percaya selalu kepada-Mu
Waktu-Mu yang terbaik
Kuduskan pikiranku
Berikan aku kekuatan-Mu
Agar aku kuat menunggu
Aku menanti janji-Mu digenapi
Semua indah pada waktunya
Latihlah kesabaranku
Tuntun aku di setiap waktu

Hati yang tertuju pada Tuhan

Diberkatilah orang yang mengandalkan Tuhan
Yang menaruh harapannya pada Tuhan!
Hati yang tertuju pada Tuhan
Buat kehidupan mengalir senantiasa
Dunia terus berubah
Banyak orang percaya pada hal-hal yang fana
Kekayaan
Kekuasaan
Mereka semua sementara
Firman Tuhan mengajarkan yang kekal
Berkat sejati hanya dari Tuhan
Takkan diambil oleh dunia
Iman membawa ketenangan
Seperti pohon yang ditanam di tepi air
Orang yang mengandalkan Tuhan
Akan tetap segar di musim kering
Tidak takut akan datangnya panas
Ia memiliki kedamaian di tengah badai
Karena akarnya adalah kebenaran
Tak tergoyahkan oleh masalah
Akar yang tertanam dalam firman
Orang yang hatinya kepada Tuhan
Akan terus menggali firman
Seperti akar pohon yang mencari air
Firman memberi kekuatan

Hikmat
Arah hidup
Kemerdekaan
Buah yang tak pernah gagal
Hati yang tertuju pada Tuhan
Ia akan menghasilkan buah Roh
Kasih dan sukacita
Sabar menanggung derita
Berbuat baik kepada semua orang
Bahkan saat kesulitan datang
Hidupnya tetap berdampak bagi orang lain
Jadi ahli waris kerajaan surga
Menerangi kegelapan dunia
Ia disukai oleh Tuhan
Hidupnya akan dibuat-Nya berhasil

Tangan rajin

Aku dimiliki orang benar
Kekuasaan kupegang erat
Akulah tangan rajin
Tekun menabur setiap hari
Disiplin mengerjakan ladang
Aku tak mengakibatkan kerja paksa
Setia membagi berkat
Bentuk nyata dari kasih Tuhan
Kulakukan tanggung jawabku
Segenap hati demi kemuliaan Tuhan
Jadi saksi Kristus
Alat untuk memberitakan Injil
Menolong yang lemah
Memeluk yang menangis
Hapuskan air mata mereka
Terang Tuhan terulur olehku
Mengumpulkan banyak makanan
Bukan hanya untuk diri sendiri
Tapi untuk membantu yang miskin
Aku tak lelah bekerja keras
Kutopang yang letih lesu
Jadi sandaran bagi yang membutuhkan
Kemurahan Tuhan dalamku
Berbahagialah mereka yang mencintaiku
Tangan rajin memegang kekuasaan

Kelimpahan Tuhan telah kuperoleh
Jadi teladan bagi sesama
Berdiri melayani setiap waktu

Ajarkan aku

Kau Tuhan Guru surga
Kebenaran Kau singkapkan
Setiap ucapan-Mu berarti
Tak ada kata yang sia-sia
Ajarkan aku hikmat-Mu
Berikan hati yang mau belajar
Rendahkan hati untuk mendengarkan-Mu
Jadikan aku terang dunia
Kau Allah yang Mahatahu
Segala hal telah Kau jadikan
Semua dalam kendali-Mu
Tak ada pengetahuan yang tersembunyi
Tuntun aku ya Roh Kudus
Berjalan menuju kemuliaan-Mu
Firman teguhkan langkahku
Hidup dalam kekudusan Allah
Kubaca Alkitab setiap hari
Karena aku mau dengar suara-Mu
Ajarkan aku kebenaran itu
Kebenaran-Mu memerdekakanku

Iman yang bertahan di tengah badai

Kehidupan tidak selalu berjalan tenang
Ada badai yang datang mendadak
Masalah keluarga
Kesehatan yang memburuk
Keuangan yang naik turun
Pergumulan batin yang tak kunjung selesai
Tetapi ingatlah Yesus ada
Miliki iman yang bertahan di tengah badai
Yesus menghardik angin
Menenangkan badai kehidupan
Lalu angin itu reda
Hidup menjadi teduh seperti danau
Badai tetap datang walau bersama Tuhan
Takkan bebas masalah
Tapi kita tidak menghadapinya sendiri
Tuhan menyertai orang yang percaya
Tuhan tidak diam
Dia menanti iman kita
Yesus tahu badai itu datang
Badai bisa menjadi latihan iman
Saat kita berseru pada-Nya
Dia bangkit
Menunjukkan kuasa-Nya
Kemuliaan-Nya dinyatakan
Iman lebih besar dari ketakutan

Tuhan cari kepercayaan kita kepada-Nya
Iman yang bertahan di tengah badai
Bukan sekadar ingin bebas dari masalah
Apa pun badai yang sedang kita hadapi
Ingatlah Yesus ada di perahu kita
Jangan takut
Percaya saja

Hati seorang hamba

Aku dikenan Tuhan
Ia menyebutku hati seorang hamba
Tak hidup bagi diri sendiri
Aku tercipta untuk Yesus Tuhanku
Lahir oleh Roh Kudus
Melayani Tuhan adalah kesukaanku
Mengasihi sesama dengan tulus
Senyumanku bawa sukacita
Mata yang penuh belas kasihan
Aku mengerti penderitaan temanku
Kutolong mereka dalam kesesakan
Berdoa agar Tuhan merawat mereka
Kesombongan kujauhkan
Kurendahkan hati untuk hidup taat
Setia melakukan kehendak Bapa
Firman-Nya jadi petunjuk hidupku
Hati seorang hamba
Hidup dalam kasih dan pelayanan
Mengikut Yesus setiap hari
Aku tertuju pada pribadi-Nya

Bukalah mataku

Tak kulihat tanah perjanjianku
Aku tahu Kau telah berjanji
Tapi aku masih penuh keraguan
Teguhkanlah imanku
Singkirkan rasa ragu ini
Bukalah mataku
Biar kupandang kekuasaan-Mu
Sebab Kau Tuhan yang menggenapi janji
Kelimpahan telah Kau janjikan
Hidangan di meja Tuhan
Tuntun aku dengan tongkat dan gada
Aku mau mendengar suara-Mu
Sukses telah menantiku
Meskipun masih terasa lama
Tak sabar kuambil berkat itu
Tolong berikan aku kesabaran
Bukalah mataku
Biar fokus pada-Mu
Mengejar hadir-Mu selalu
Aku mau percaya kepada-Mu

Jangan menyerah saat Tuhan terasa diam

Sebab penglihatan itu masih menanti saatnya
Tuhan akan menyatakan kebenaran
Indah pada waktu-Nya
Ia tidak berdusta
Tak pernah berlambat-lambat
Nantikanlah janji-Nya
Pasti digenapi
Tuhan tak pernah gagal
Walau merasa Tuhan tidak menjawab doa kita
Kita menangis
Berdoa dan berharap
Tetapi langit terasa tertutup
Jangan menyerah saat Tuhan terasa diam
Tuhan diam bukan berarti tidak peduli
Saat badai menerpa perahu para murid
Ia hadir dengan kasih
Terkadang Tuhan ingin kita belajar tenang
Percaya walau tidak mendengar suara-Nya
Proses Tuhan membentuk iman
Iman kita diuji dalam keheningan
Tuhan tidak hanya memberi jawaban cepat
Ia membentuk karakter kita
Bukan hanya apa yang kita dapat
Tapi identitas kita diteguhkan
Waktu Tuhan bukan waktu kita

Habakuk bilang janji Tuhan tidak pernah gagal
Kadang kita ingin cepat
Tapi Tuhan tahu waktu terbaik
Jangan menyerah saat Tuhan terasa diam
Meskipun jawaban belum tiba
Jangan berhenti percaya
Waktu-Nya akan datang
Iman kita sedang dibentuk
Pegang janji-Nya
Karena Ia setia
Selalu berhasil tepati perkataan-Nya

Mata kasih

Kepunyaan Tuhan
Aku dikaruniakan pada anak-Nya
Mata kasih
Belas kasihan mengalir deras
Tak kupandang rendah manusia lain
Perhatian kuberikan
Peduli tanpa membeda-bedakan
Kupancarkan kasih Tuhan
Senyuman kuberikan
Ramah terhadap semua orang
Tidak menganggap remeh siapapun
Hormatku terhadap ciptaan Tuhan
Sukacita surga dalamku
Api cinta membara
Akulah bukti terang dunia
Cahayaku mengusir kegelapan
Akulah mata kasih
Peka terhadap sesama
Tak mau hidup egois
Kebaikan selalu kuberikan

Ujilah hatiku

Oh Tuhan Yesus
Kau Allah yang tahu segalanya
Ujilah hatiku
Murnikan dengan kasih-Mu
Jangan jauh dariku
Tetaplah dekat denganku
Jadikan aku seperti-Mu
Kudus dan berkenan selalu
Taruh firman-Mu di lidahku
Biar mulutku ucapkan kebenaran
Jauhkan roh dusta itu
Aku mau hidup dengan integritas
Semakin mengasihi-Mu
Setiap hari Kau menempaku
Kau bentuk serupa dengan-Mu
Pribadi yang indah di mata-Mu
Seperti emas dimurnikan dalam api
Bersihkan aku dengan Roh Kudus
Hidup tulus tanpa pamrih
Penuhi aku dengan kasih-Mu
Ujilah hatiku
Hapuskan segala dosa
Singkirkan semua yang jahat
Biar hatiku suci seperti hati-Mu

Siapakah yang boleh naik ke gunung Tuhan?

Siapa yang layak masuk ke hadirat Tuhan?
Orang yang bersih tangannya
Murni hatinya
Tidak menyerahkan dirinya kepada penipuan
Siapakah yang boleh naik ke gunung Tuhan?
Orang yang benar
Bersih secara moral
Jujur dan setia mengikut Tuhan
Ada berkat bagi yang mencari Tuhan
Keadilan ditegakkan baginya
Menjadi generasi yang mencari wajah Tuhan
Haus dan lapar akan kehadiran-Nya
Ia menyambut Raja Kemuliaan
Membuka hati tanpa pura-pura
Berserah kepada Raja segala raja
Kristus adalah Raja Kemuliaan
Siapakah yang boleh naik ke gunung Tuhan?
Allah kuat dan perkasa
Selalu menang dalam peperangan
Layak disambut dalam kemuliaan
Hiduplah benar di hadapan Tuhan
Jaga integritas hati dan perbuatan
Akui kedaulatan-Nya
Maka Kau akan ditinggikan-Nya

Kekekalan pada hati manusia

Ada waktu untuk segala hal
Semua indah pada waktu Tuhan
Tapi semua fana jika hanya sementara
Demikian Tuhan menciptakan aku
Aku tak terbatas
Akulah kekekalan pada hati manusia
Makna hidup di dalamku
Selamanya aku takkan berhenti
Dua pilihan untukmu
Surga atau neraka
Bersukacita selamanya
Atau menderita tanpa henti
Aku selalu memanggilmu
Seruanku ada dimana-mana
Jangan hiraukan aku
Pahamilah aku ini
Ingatlah aku selalu
Biar tak sia-sia hidupmu
Percayalah pada Yesus Allahmu
Maka bahagiamu terjaga selamanya
Kekekalan pada hati manusia
Pengingat untuk hidup kekal
Kumpulkanlah harta di surga
Maka ngengat tak akan merusaknya
Hiduplah bagi Tuhan Allahmu

Harta dunia akan lenyap
Bagai uap mereka hilang
Serahkan semuanya kepada Tuhan
Kemuliaan-Nya tak akan pudar
Carilah perkenanan-Nya
Ia akan memberimu mahkota kekal
Sebab namamu tertulis di Kitab Kehidupan

Aku berbahagia

Kau Allah Tuhanku
Selalu menyertaiku
Memberkati ketaatanku
Janji-Mu telah digenapi
Aku berbahagia
Firman-Mu telah hibur aku
Roh-Mu tunjukkan jalan
Tak pernah aku sendiri
Kelimpahan Kau berikan
Lebih dari harta dunia
Sukacita-Mu memenuhiku
Damai sejahtera hidupku
Takkan kekurangan aku
Sebab Yesus Gembalaku
Aku tidur tenang hari ini
Semua karena anugerah-Mu
Kau usir kekhawatiranku
Hikmat-Mu terangi pikiranku
Aku berbahagia
Kebaikan-Mu kunikmati selamanya
Kau buat aku tersenyum lagi
Masa depanku aman
Bagai air yang selalu mengalir
Sukacitaku takkan pernah habis

Terima kasih telah membaca!

Jika kamu meninggalkan ulasan untuk bukuku, kirim email ke abrahamreymond02@gmail.com, dan aku akan mengirimkan puisi bonus eksklusif khusus untukmu!

Don't miss out!

Visit the website below and you can sign up to receive emails whenever Abraham Reymond publishes a new book. There's no charge and no obligation.

https://books2read.com/r/B-A-ODCLD-OGOHG

About the Author

Abraham Reymond is a passionate poet whose work explores the quiet corners of life, the ache of unspoken emotions, the presence of faith, and the wonder found in both the ordinary and the imagined. His poems reflect themes of spirituality, love, heartbreak, and the overlooked moments that make us human.

With clarity, consistency, and a heart full of discipline, Reymond turns silence into verse—sharing honest, reflective poetry that speaks to readers from all walks of life. Whether rooted in reality or inspired by fantasy, every line he writes is a piece of his soul.

He shares his poetry daily across platforms and is committed to building a lasting legacy, one poem at a time. Read his fantasy books for FREE at Patreon

Read more at patreon.com/Reymondpoems.

www.ingramcontent.com/pod-product-compliance
Lightning Source LLC
LaVergne TN
LVHW040437051026
849517LV00002B/650